创新创业实训系列教材

消费品创业实训手册

主　编　朱思因

副主编　唐浩鑫　陈　哲

電子工業出版社

Publishing House of Electronics Industry

北京 · BEIJING

内 容 简 介

本教材依托真实的消费品创业项目，解析创业过程，培养学员的商业思维，通过提供分析工具对学员进行创业实战训练，帮助学员重新审视和理解商业创业行为，从思维、工具、方法等方面训练、培养学员的创业实战能力。

本教材讲述的项目包括七个步骤，分别从目标用户、产品和服务、竞品、商业模式、创业资源、团队建设等角度深度解析消费品创业案例，各步骤均以"每日美妆"项目为依托，提炼商业创业的核心工具和要素，通过训练帮助学员提高能力。

本教材按照商业创业逻辑，层层深入设置学习内容，辅以知识拓展，结合工作手册式和活页式教材的特点，突出实战应用价值。本教材适合作为商业创业者，特别是消费品创业者的创业实训指导用书。

图书在版编目（CIP）数据

消费品创业实训手册 / 朱思因主编. —北京：电子工业出版社，2022.3

ISBN 978-7-121-43103-6

Ⅰ. ①消… Ⅱ. ①朱… Ⅲ. ①消费品工业－创业－工业企业管理－中国－手册 Ⅳ. ①F426.8-62

中国版本图书馆 CIP 数据核字（2022）第 042623 号

责任编辑：李　静　　　　特约编辑：田学清
印　　刷：天津画中画印刷有限公司
装　　订：天津画中画印刷有限公司
出版发行：电子工业出版社
　　　　　北京市海淀区万寿路 173 信箱　　邮编：100036
开　　本：787×1092　1/16　印张：8.25　字数：211 千字
版　　次：2022 年 3 月第 1 版
印　　次：2022 年 3 月第 1 次印刷
定　　价：40.00 元

凡所购买电子工业出版社图书有缺损问题，请向购买书店调换。若书店售缺，请与本社发行部联系，联系及邮购电话：（010）88254888，88258888。

质量投诉请发邮件至 zlts@phei.com.cn，盗版侵权举报请发邮件至 dbqq@phei.com.cn。

本书咨询联系方式：（010）88254604，lijing@phei.com.cn。

前言

编写团队参考三个真实的创业项目编写了本系列教材（消费品项目、工业品项目、公益创业项目），所有实训项目与创业项目的真实情境一一对应，创业项目的创始人深度参与了本系列教材的编写，真正体现了校企合作和产教融合的思想。

本教材遵循“做中学”的教育理念进行教学设计，在编排体例上具有以下特点。

① 采用工作手册式和活页式教材编写思路：本教材根据创业过程的七大核心步骤选取核心知识点，并为每个实训步骤提供对应的核心知识点和具体分析工具，学员通过循序渐进的体系设计展开训练，通过分析工具辅助完成实训、提高能力。

② 思政融合：本教材融入法治、爱国、敬业、诚信等社会主义核心价值观，引入“工匠精神”等思政元素，通过知识拓展部分的相关案例拓展解读，启发学员思考。

③ 结构清晰：本教材提供项目总结性思维导图，展示所有知识点及其相互之间的关系，任务实训与知识输入一一对应，通过科学合理的考核设计检验学习成果。

本教材的编写团队包括朱思因、唐浩鑫、陈哲、卢淑婷、沈润乔、陈仲光。本教材由广东科学技术职业学院资助出版，并得到了致力于创新创业教育研究的杜海东教授的鼓励和推动。本教材的顺利出版得益于每日美妆创始人罗晓东先生的帮助，他是一位非常活跃的互联网时代的创业者。此外，编写团队还采访了数十位创业者和企业家，感谢他们对创新创业教育工作的慷慨支持！由于编写团队开展消费品创业教育的经验尚浅，理论和实践技能有限，教材中难免存在疏漏和不足之处，希望得到行业专家和读者的指正。最后，感谢电子工业出版社的李静老师和编辑团队对本教材的细心修改和审阅，他们为本教材的完善和出版提供了宝贵的建议和指导。

目录

前奏

关于创业实训

1. 需要完成的学习任务

在课堂上获取知识并不代表拥有了相应的技能，把创业知识转化为创业技能有赖于实战性训练的积累。接下来，学员将以 4～6 人为一个团队的形式进行真实的项目化实训和见习。只要用心跟随实践的指引，相信学员会在启动创业项目的六项关键技能的转化方面得到明显的收获。

1）实训项目学习任务

创业实训项目与创业见习项目的学习任务是一致的，即帮助学员在以下六项技能方面得到锻炼。

① 分析产品的用户价值。

② 判断市场规模和获取种子用户。

③ 从竞品中突围。

④ 创新商业模式。

⑤ 增长性指标预测和资源整合。

⑥ 针对性团队建设。

2）学习周期

创业实训与创业见习交替进行是一种理想的教学设计，在实际的教学过程中也可根据实际情况进行适当的调整。本实训项目为期三周，第四周属于延伸性安排。

<table>
<tr><td colspan="17">创业实训与创业见习交替进行</td></tr>
<tr><td rowspan="2">教学时间</td><td colspan="5">第一周</td><td colspan="5">第二周</td><td colspan="5">第三周</td><td>第四周</td></tr>
<tr><td>1</td><td>2</td><td>3</td><td>4</td><td>5</td><td>1</td><td>2</td><td>3</td><td>4</td><td>5</td><td>1</td><td>2</td><td>3</td><td>4</td><td>5</td><td>—</td></tr>
<tr><td>教学安排</td><td colspan="5">创业实训
项目化教学（初步讨论）</td><td colspan="5">创业见习
调研和实践，获得真实项目反馈</td><td colspan="5">创业实训
项目化教学（方案提升）</td><td>创业见习
知识运用，
创业项目优化</td></tr>
<tr><td colspan="17">每个项目的实训和见习周期为一个月
（见习部分也可以根据学员的实际需要在第四周后继续延长）</td></tr>
</table>

2. 真实的实训项目选择

创业能力是综合性的，即使进行针对性的创业见习也很难在较短的时间内提高这种综合性的能力。创业见习必须与创业实训融为一体，学员只有通过真实的项目化实训教学，深入调研真实项目的运营情况，将其作为对创业实训的反馈，才能形成深刻的理解和提升。同样，匹配了真实项目的实训教学也更容易提高学员的代入感，引发学员的共鸣和兴趣。鉴于这一操作层面的考虑，创业实训项目必须是真实的初创项目。

本系列教材的编写团队经过多次头脑风暴，拜访若干创业型企业，选择了三个真实且处于初创期的商业创业项目，包括一个消费品项目、一个工业品项目、一个公益创业项目。这一组合比较具有代表性，可以有针对性地训练三种不同类型的创业能力。

1）每日美妆

盈信资本领投海归创业项目，属于商业创业消费品类。

参考单位——珠海横琴每日美妆贸易有限公司。

2）智慧城市安防

2016 年第五届中国创新创业大赛获奖作品，属于商业创业工业品类。

参考单位——珠海三润电子有限公司（国家高新技术企业）。

3）善淘网

中国第一家在线慈善商店，属于公益创业类。

参考案例——善淘网。

鉴于公益创业项目与商业创业项目具有较大的区别，本系列教材中的公益创业手册将采用与商业创业手册完全不同的编写体系。

项目

面对 C 端用户的消费品类——每日美妆

实训项目介绍

截至 2021 年 10 月，我国化妆品行业 2021 年的月平均销售额达 312.11 亿元，与 2019 年相比，同期月均增速为 12.78%，成为拉动快速消费品行业增长的核心品类，其中面部化妆品是化妆品赛道的“王者”。

罗晓东是留学澳洲的海归创业者，他于 2015 年在珠海成立了珠海横琴每日美妆贸易有限公司（以下简称“每日美妆”）。每日美妆专注于打造服务大学生的化妆品 O2O（Online to Offline，将线下的商务机会与互联网结合，让互联网成为线下交易的平台）跨境电商平台，现已完成 Pre-A 轮融资，投资方为红秀资本和盈信资本，估值约 4000 万元。每日美妆已经开始进军广州高校市场，力争成为华南第一的校园美妆品牌。成立 3 年后，每日美妆拥有了 7 家线下体验店，其中 3 家线下体验店分布在珠海，线上线下会员合计超过 1.5 万人。

每日美妆的定位是“2000 万名女大学生的美业服务商”，宗旨是“让中国没有丑女孩”。每日美妆看中高校少女群体这一在未来极具购买力的蓝海市场，致力于满足当下高校少女群体对进口化妆品的使用和服务的刚性需求。由于大部分用户为零经验的新手用户，因此线下体验店提供的免费试妆服务可以帮助新手用户完成“从 0 到 1”的入门过程。

每日美妆在珠海高校商圈中打开市场，线下为线上导流，线上留存用户，形成长尾效应；在日本和韩国建立采购渠道，并与日本 SION 供应商达成合作。咨询公司普华永道、尼尔森的消费者洞察调研报告显示，“便捷”“直击内心”已变得越来越重要，消费的主流精神发生了明显的变化。每日美妆正在寻找构建线上线下场景生态的新方法，建立线下体验店与各圈层的连接，形成用户黏性。

虽然已经获得了 Pre-A 轮融资，但是线下的重资产运营模式还是有点儿让人吃不消，如何更好地适应当今社会，在减轻资产负担的同时保证服务质量，是罗晓东正在推进的一项重要工作，他每天都在不断地思考和尝试着……

步骤一：目标用户分析

传统时代的营销首先进行的是目标市场分析，接下来的所有营销组合策略均服务于选定的目标市场；互联网时代的营销是先找到目标用户的痛点，再提供解决方案。“服务 2000 万名女大学生”是罗晓东对每日美妆的用户定位，这一定位可以作为创业者的参考但不必照搬，因为不同的创始人和创业团队会让起点相同的创业项目获得完全不同的发展，况且每日美妆仍然是一个处于探索阶段的创业项目。目标用户分析首先要解决痛点的问题，创业者可以跟随以下指引，一步一步地积累目标用户分析的技能。

1. 用户问题诊断，找出痛点

有了问题，用户便会产生烦恼，当烦恼足够大时便会形成痛点，也就是说痛点源自烦恼的积累和尚未解决的问题。研究痛点，首先要诊断用户的问题。女大学生正值非常爱美的青春期，她们想拥有靓丽的外表。请创业者思考在“爱美”这一方面她们面对的问题是什么（如不知道该如何挑选适合自己的化妆品），并将其填写在以下清单中。

① ______________________________

② ______________________________

③ ______________________________

④ ______________________________

2. 在位商家是否解决了这些问题

针对女大学生用户群体，美妆行业的在位商家（美妆供应商、服务商）有没有较好地解决以上问题呢？创业者需要了解行业现有的主要在位商家，如线下的莎莎、屈臣氏和线上的天猫美妆、聚美优品、抹茶美妆等，考察每一个主要在位商家是否解决了这些问题，并在在位商家市场定位矩阵表的对应位置打“√”，如表 1-1 所示。

表 1-1

	在位商家 1	在位商家 2	在位商家 3	在位商家 4	在位商家 5
问题 1					
问题 2					
问题 3					
问题 4					

3. 产品和服务创造的用户价值

在位商家没有较好解决的问题，可能就是每日美妆进入市场的机会。只有产品和服务能解决用户问题，初创公司才可能生存和发展下去，因此产品和服务创造的用户价值是每日美妆选择产品和服务设计的出发点和重要依据。因为能够解决问题才是用户认可的价值，所以本部分的价值分析要与上文“用户问题诊断”的分析结果对应起来。当然，在位商家已经较好解决的问题可以不作为考虑的重点，初创公司应尽量避免与成熟公司竞争。

经过初步分析，请创业者列出计划为女大学生美妆用户创造的用户价值（如简单便捷的美妆设计），并将其填写在以下清单中。

① ______________________________

② ______________________________

③ ______________________________

价值是由用户判断的，在列出清单后，创业者可以通过咨询身边的朋友、大学生群体，反复思考和分析这些用户价值是不是目标用户真正关注的。

4．用户细分

不同的人对同一个问题的感受不同，因此同一个问题不一定会成为每个人的痛点。2000 万名女大学生不可能都是美妆产品的有效用户，有的女大学生可以马上成为用户，有的女大学生需要经过营销和周边用户的影响才可以成为用户。用户细分是确定用户真正痛点的方法，在较大的用户群体中，各细分群体的痛点相似但不完全相同。用户细分具有以下实战性作用。

① 用户细分为设计不同的产品和服务组合提供了依据。

② 只有透彻地了解用户特性才能写出具有针对性的促销文案。

③ 用户细分有助于直接找到种子用户，迅速达成销售和传播。

④ 用户细分为分步骤占领市场提供了依据。

接下来，请创业者对 2000 万名女大学生美妆群体进行用户细分，并将结果填写在用户细分表中，如表 1-2 所示。

表 1-2

细分步骤	2000 万名女大学生用户细分
第一步细分	结果性描述（参考点：不同类别学校学生的消费能力不同）
第二步细分	结果性描述（参考点：不同年级学生的美妆关注度不同）
第三步细分	结果性描述（参考点：不同区域学校的美妆用户聚集度和时尚氛围不同）
谁将成为种子用户	

线上线下的营销文案等营销沟通手段需要进一步确定种子用户的特征，关注用户的目标、行为和观点，能更好地解读用户需求及不同用户群体之间的差异。只有洞察种子用户的核心特征并进行针对性的沟通，初创公司才能建立起正面、有效的口碑。经过初步分析，请创业者列出种子用户的三个明显特征（如受日韩流行文化影响），并将其填写在以下清单中。

① ________________________________

② ________________________________

③ ________________________________

5. 获取种子用户

由于每日美妆是不同于其他美妆电商平台的 O2O 跨境电商平台，采用的是线下体验引流、线上长期销售的模式，因此线下从哪里开始布点非常关键。经过上文的用户细分，基本上可以确定种子用户的所在区域和具体高校，接下来的任务就是线下布点。确定线下布点的进入区域和具体高校的优先次序，需要创业者考虑上文对 2000 万名女大学生美妆群体进行用户细分的结论，并将其填写在线下布点计划表中，如表 1-3 所示。

表 1-3

进入区域	具体高校
第一步（如珠三角）	（如独立院校）
第二步	
第三步	

在确定了进入区域和具体高校的优先次序之后，就可以开始与用户近距离接触了。获取种子用户，实际上是产品、用户、渠道和营销活动等多种因素之间复杂互动的结果。O2O 的定位使每日美妆可以在线下实体渠道和线上网络渠道中同时与用户接触，两种渠道在一个相对封闭的用户区域内（校园）会产生较大的协同促进效应。

随着线下实体店的建成，校园地推工作可以正式开始了，如开展校园宣传、活动赞助、美妆沙龙、目录营销等营销活动。实体渠道的用户获取过程像一个漏斗，创业者需要借助这一漏斗制定获取种子用户的策略，同时考虑相关的费用预算。

图 1-1 所示为网络渠道的用户获取路径，请创业者思考在不同层级中每日美妆的网络渠道用户获取策略是什么样子的。

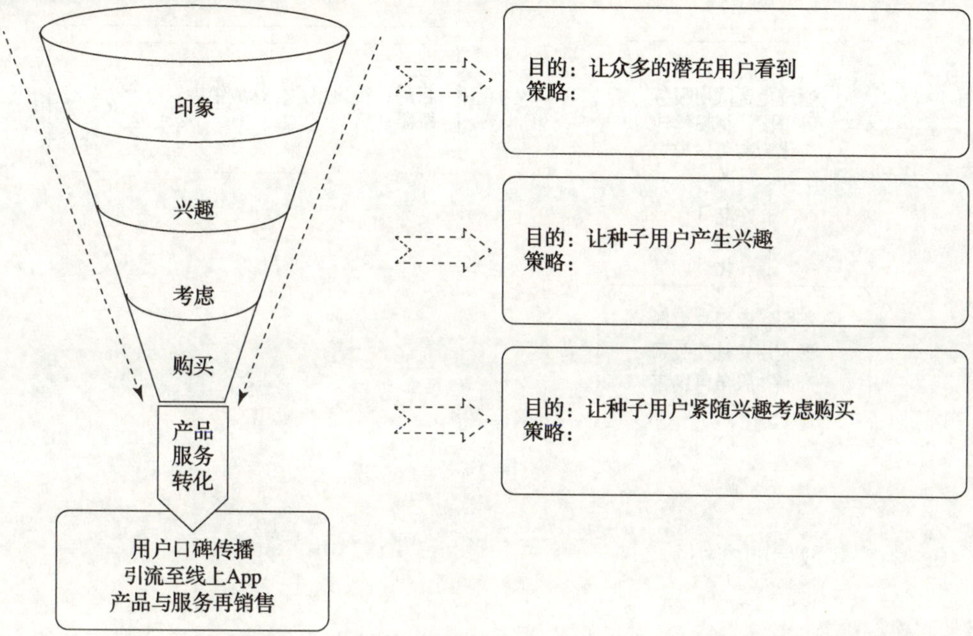

图 1-1

我国的化妆品市场已经成为全球最大且最具潜力的化妆品市场。《2021 年中国化妆品产业全景图谱》显示，我国化妆品零售额逆势上涨，行业高景气度延续，其中线上彩妆类产品、工具等是化妆品零售的“拳头”产品，得益于短视频、美颜自拍软件和网红直播带货等渠道的兴起，这些产品仍将保持平稳增长趋势。要想产生线上 C 端用户，除了线下体验引流还有很多方法，如校园贴吧、线上客服互动、个性图文推送、公众号定时优化等。此处不再一一列举移动互联网思维下的营销手段，但是掌握这种思维逻辑是很有必要的。网络渠道的用户获取策略同样存在一个漏斗模型，如图 1-2 所示，请创业者认真思考该漏斗模型中每一层级的策略。

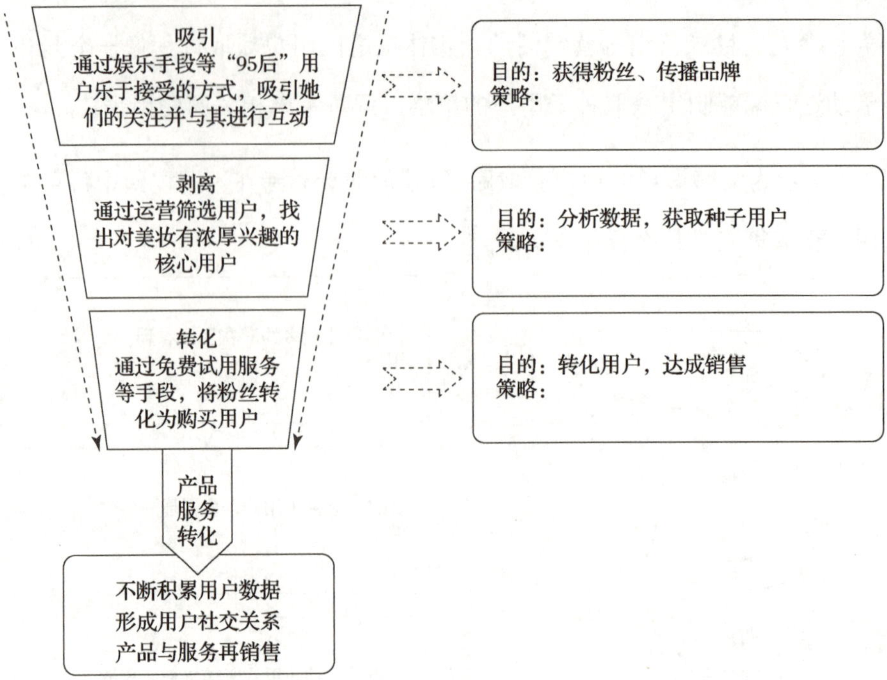

图 1-2

6. 用户获取后的维护

有关数据统计显示，“95 后”人群成为美妆市场的主力，其美妆用户数已占美妆市场的 1/4，并连续 3 年呈现 3 位数的增长规模。每日美妆通过用户在校期间培养这一用户群体，其在毕业后的很长一段时间内都可能是美妆产品的目标用户群体，她们可以通过每日美妆 App 继续购买美妆产品。

除了选品和经营自有品牌，客情关系维护也是推动用户持续购买的关键。与用户获取相比，用户维护的成本仅为前者的 1/5 甚至更少，所以在线上线下形成用户黏性非常关键。用户维护需要投入成本，对不同用户提供的服务不能完全相同，所以需要进行用户分类。与上文的用户细分不同，用户分类是对已经购买过产品的用户进行分类，基于过去积累的销售数据，可以将用户分为高价值用户和低价值用户，或分为长期固定用户和短期偶然用户，对高价值用户加以维护往往可以大幅提高复购率。创业者可以从如表 1-4 所示的三个方面思考对高价值用户的维护策略。

表 1-4

方　向	具体策略
聚焦强需求，提供内容价值	（如用户可以直接获得有关美妆的实用信息）
扩展 App 的应用场景，提供工具价值	
打造“圈子”，提供社交价值	

注：创业者也可以使用 RFM 模型进行分类，即 Recency（最近一次消费时间）、Frequency（消费频率）、Monetary Value（消费金额）。

测试用户体验是找出产品优势的有效方法，升级用户体验是建立竞争优势的有效方法，升级用户体验的关键是留住用户。

很多公司即使已经成功经营了很长时间，还是会持续地测试用户体验，如星巴克通过专门的用户体验调查问卷定期了解用户的感受。因为用户的需求是在不断变化的，其他竞品或新品的推出会影响现有的用户体验。

很少有初创公司非常清楚自己的用户是谁、用户特征是什么，然而这些问题确实非常重要，可以说是初创公司一切工作的出发点。初创公司需要进行一个探索的过程，不断地认识用户、理解用户的需求，并据此调整产品和服务、优化商业模式，最后才能将这一过程中的经验进行结构化的复制和推广。图 1-3 浓缩了用户开发的整个流程，初创公司在完成用户获取后，用户维护和模式复制成为后续的重要任务。

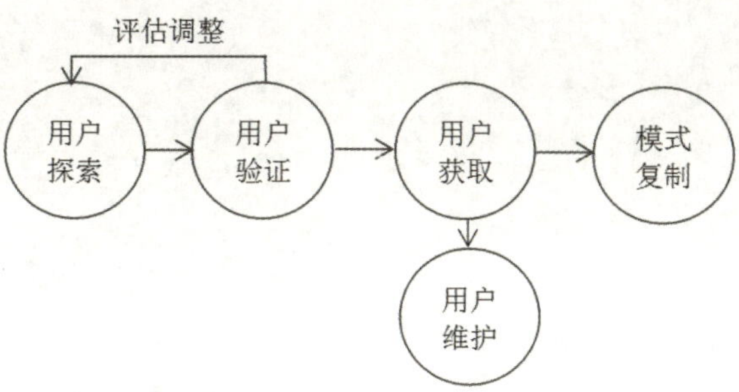

图 1-3

用户开发流程中每个环节的具体说明如下。

① 用户探索环节：倾听用户需求，获取有关产品和服务设计的想法。

② 用户验证环节：试销、试服务，调整产品、服务、定价设计，明确市场是否存在。

③ 用户获取环节：固定商业模式，迅速推广产生更多的用户。

④ 模式复制环节：此时已完成了对产品和模式的探索，开始关注快速复制和快速执行。

步骤二：产品和服务设计

在对美妆产品的女大学生用户进行分析后，创业者可以有针对性地为每日美妆选择产品和服务设计。步骤一从“用户问题诊断”出发，讨论了每日美妆的产品和服务应该创造的用户价值，这是选择产品和服务设计的出发点和重要依据，因此本步骤与步骤一的分析是紧密相连的。

此处的“产品”指的是美妆产品，“服务”指的是与美妆相关的服务，最终目的是促成美妆产品的销售。接下来，创业者将从“产品结构、主力产品、爆款产品、附加服务、产品展示和终端设计”五个阶段展开本步骤的训练。

1. 产品结构

美妆产品的品类非常丰富，因此确定产品结构，即选择经营哪几个品类和每一个品类由哪些单品组成非常关键。好的产品结构能吸引用户驻足，提高获利能力。但是初创公司通常在经验方面存在短板，除非创业团队中有相关方面的经验比较丰富的人。以下分析工具可以帮助创业者确定产品结构，请观察美妆市场中的同类产品，并将观察结果记录在美妆市场同类产品观察情况表中，如表2-1所示。

表2-1

观 察 点	品 类 整 理
国内同类产品经营者	品类1. ____（单品1.　　单品2.　　单品3.　　） 品类2. ____（单品1.　　单品2.　　单品3.　　） 品类3. ____（单品1.　　单品2.　　单品3.　　） ………… 从现有美妆产品经销服务平台的角度观察其产品结构

续表

观 察 点	品 类 整 理
境外成熟市场	品类 1. ____（单品 1.　　单品 2.　　单品 3.　　） 品类 2. ____（单品 1.　　单品 2.　　单品 3.　　） 品类 3. ____（单品 1.　　单品 2.　　单品 3.　　） ………… 从美妆市场比较成熟的日韩市场的角度进行观察
产品供应商	品类 1. ____（单品 1.　　单品 2.　　单品 3.　　） 品类 2. ____（单品 1.　　单品 2.　　单品 3.　　） 品类 3. ____（单品 1.　　单品 2.　　单品 3.　　） ………… 从美妆产品供应商生产产品的角度进行观察

经过上述观察提炼出来的品类及其包含的单品，有必要进行进一步的商品分析，主要包括以下三个方面。

① 产品是否解决了步骤一中的“用户问题”，是否创造了“用户价值”？

② 产品的获利能力如何？预估成本、销量、毛利。

③ 产品是否包含系列化的搭配，能让美妆用户实现一站式购买而不需要另寻其他渠道？虽然一些辅助性质的产品（如美妆工具）对毛利的贡献不大，但是它们的作用是让用户觉得方便并形成良好的印象。

经过上述观察和分析，请创业者列出每日美妆的产品结构，并将其填写在表 2-2 中。

表 2-2

<table>
<tr><th>产品性质</th><th>品类</th><th>单品（品牌）</th><th>备注</th></tr>
<tr><td rowspan="9">1. 主力产品
（销售额主力、购买频率高）</td><td rowspan="3">1.</td><td>1.</td><td rowspan="3"></td></tr>
<tr><td>2.</td></tr>
<tr><td>3.</td></tr>
<tr><td rowspan="3">2.</td><td>1.</td><td rowspan="3"></td></tr>
<tr><td>2.</td></tr>
<tr><td>3.</td></tr>
<tr><td rowspan="3">3.</td><td>1.</td><td rowspan="3"></td></tr>
<tr><td>2.</td></tr>
<tr><td>3.</td></tr>
</table>

续表

产品性质	品类	单品（品牌）	备注
2．辅助产品（与主力产品相关联，衬托和伴随着主力产品进行销售）	1.	1.	
		2.	
		3.	
	2.	1.	
		2.	
		3.	
	3.	1.	
		2.	
		3.	

2．主力产品

初创公司一般通过行业数据和观察竞争者两种渠道发现主力产品，并在后续的经营中根据自身的销售数据调整产品策略。主力产品是营销的重点，其销售量或销售额的占比较高。美妆产品的品类非常丰富，并且美妆用户的消费需求在不同区域、不同季节会呈现出很大的变化。如果每日美妆要在全国高校进行线下布局，那么上文“产品结构”阶段中对主力产品的观察只是初步的，还需要进一步深化。

主力产品在区域性、季节性和选购性三个方面均有不同的表现。例如，面对五彩斑斓的口红色号，全国不同区域用户的喜好各不相同。CBNData（第一财经商业数据中心）联合天猫美妆共同发布的《2017 中国美妆个护消费趋势报告》显示：东三省最爱“姨妈红”色；海南最爱豆沙色；内蒙古、青海最爱正红色；甘肃、西藏最爱玫红色和裸色；河南、江西偏爱南瓜红色和豆沙色；宁夏偏爱正红色、玫红色和裸色。

接下来，创业者可以从以上三个方面进一步确定每日美妆的主力产品（由于分析量较大，作为实训练习可以先选择一个区域、一个季节、一个竞争对手进行分析），并将其填写在每日美妆主力产品设计表中，如表 2-3 所示。

表 2-3

观　察　点	品类及单品
1．区域性产品	
2．季节性产品	
3．选购性产品 （与竞争对手相比具有差异化特点的产品）	

用途相同但是品牌、规格不同的产品有很多，用户往往难以选择。加强对主力产品的管理可以减少供应商和产品品类的数量，还可以提高采购效率、降低采购成本。

3．爆款产品

打造一个真正的爆款产品需要有效的营销推广，这一过程可以为线下实体店吸引更多的流量。想把将要成为“爆款”的产品呈现在用户面前，创业者需要通过优化爆款产品详情、设计促销活动等刺激目标用户的购买欲望。以下是打造爆款产品的具体方法。

1）挑选爆款产品

爆款产品的挑选是否成功是决定爆款产品成败的关键因素之一。创业者可以通过以下三个步骤挑选爆款产品，每日美妆爆款产品挑选步骤如表 2-4 所示。

表 2-4

步　骤	具体信息
1．关注热门美妆品类和重点流量关键词的变化	
2．通过淘宝、亚马逊、小红书和百度指数等网站了解美妆产品	
3．衡量产品的性价比，质量过关且价格不能太高	
确定每日美妆的爆款产品	

2）推广爆款产品

第一步：吸引流量。每日美妆在线上打造的主要是移动端的每日美妆 App，无论使用哪一种推广形式（如线下引流、网盟推广等），都是为了吸引更多的流量，通过多种引流渠道的配合吸引用户的注意并下载每日美妆 App。经过团队讨论和自我学习，请创业者列出三项吸引流量的有效措施，并将其填写在吸引流量的有效措施表中，如表 2-5 所示。

表 2-5

引流措施	成本预估
措施一：	
措施二：	
措施三：	

第二步：优化爆款产品详情。爆款产品详情的描述要细致，能够吸引目标用户看下去并最终购买产品。对爆款产品详情的优化基本上分为以下四个部分。

① 制作模特图、细节图、实物对比图。

② 撰写必要的文字说明。

③ 描述中可加入 3～5 个关联产品。

④ 设置套餐，增加爆款产品的曝光。

创业者在进行本步骤的训练时，可以对照上述四个部分观察现有的美妆产品销售网站，或淘宝、天猫等电商平台中一些爆款产品的详情展示，形成优化爆款产品详情的大概思路，增加一些感性认知，不过在具体操作时还是要由专业的美工人员和文案人员完成。当然，创业者也可以选择一款爆款产品进行详情优化的训练，并将其填写在爆款产品详情优化训练表中，如表 2-6 所示。

表 2-6

优化图片	优化说明

第三步：设计促销活动。促销活动一定要吸引眼球，让用户产生一种“马上就买”的欲望。常见的促销活动有打折促销（限时打折、假日打折、名次打折、会员打折）、赠品促销、邮费促销、满额包邮、团购、红包、拍卖（一元拍、荷兰拍）等。线下实体店的促销活动基本适用于传统的营销组合，此处不再赘述。请创业者为上文中选择的每日美妆爆款产品设计促销活动，并将其填写在每日美妆爆款产品促销活动设计表中，如表 2-7 所示。

表 2-7

促销活动	具体内容

第四步：购后评价。从用户购买过程入手，可以发现打造爆款产品背后的完整逻辑。用户购买过程包括以下五个环节。

① 需求唤醒：积累痛点，产生购买欲望。

② 信息搜寻：寻找相关产品信息。

③ 方案评估：找到感兴趣的产品。

④ 购买决定：决定是否购买产品。

⑤ 购后评价：使用产品的体验，评价结果会影响下一次的购买和口碑传播。购后评价不但会影响该用户是否再次购买产品，而且会直接影响其他用户是否购买产品，所以创业者需要密切留意用户的购后评价并及时回应。

4. 附加服务

附加服务作为产品的延伸和增值，也是产品核心竞争力的重要组成部分。用户购买的不仅是产品本身，更重要的是服务的体验和价值。附加服务至少包括两方面，即基础性服务和增值服务：基础性服务指满足用户基本需求的服务，提供基础性服务可以让用户的消费需求得到基本满足，有再次回购的可能；增值服务指超出用户预期的服务，提供增值服务能给用户带来惊喜，大幅提升用户的满意度，加深其对品牌的印象，刺激用户再次购买产品。

请创业者回顾上文分析的用户、价值和产品设计等内容，结合“知识拓展”部分，为每日美妆构建附加服务体系，并将其填写在表 2-8 中。

表 2-8

<table>
<tr><th>附加服务</th><th>线下店铺</th><th>线上店铺</th></tr>
<tr><td>基础性服务</td><td>如热情、大方的接待：
1.
2.
3.
4.
5.</td><td>如热情、及时的在线客服：
1.
2.
3.
4.
5.</td></tr>
<tr><td rowspan="2">增值服务</td><td>日常（如免费的皮肤测试）：
1.
2.
3.
4.
5.</td><td>日常（如美妆教程）：
1.
2.
3.
4.
5.</td></tr>
<tr><td>定期社群活动（如美妆沙龙）：
1.
2.
3.
4.
5.</td><td>定期社群活动（如网红直播）：
1.
2.
3.
4.
5.</td></tr>
</table>

5. 产品展示和终端设计优化

在明确了用户的需求后，需要通过设计将产品的价值展现出来并得到用户的认可。每日美妆的产品展示分为线上和线下两个部分，其宣传口号是“只卖有身份的化妆品”，主打正品概念。每日美妆的线上和线下店铺如图 2-1 和图 2-2 所示，请创业者根据图片观察每日美妆现有的线上和线下店铺，并自行前往每日美妆在市区中的线下店铺，结合参观体验使用线上店铺，给出产品展示和终端设计优化建议，并将其填写在如表 2-9 所示的每日美妆线上和线下店铺产品展示和终端设计优化建议表中，我们将选出优秀的建议提交给创始人参考。

产品展示销售
试用美妆产品
线下店铺内部

图 2-1

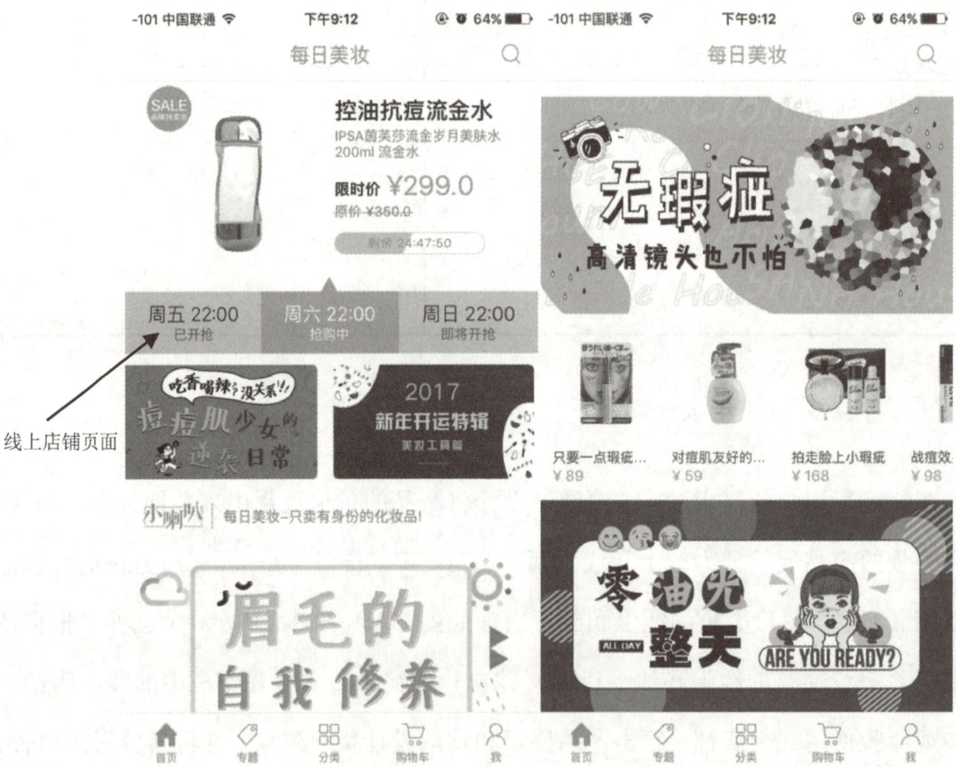
线上店铺页面
每日美妆
控油抗痘流金水
IPSA茵芙莎流金岁月美肤水200ml 流金水
限时价 ¥299.0
原价 ¥350.0
周五 22:00 已开抢
周六 22:00 抢购中
周日 22:00 即将开抢
2017 新年开运特辑
每日美妆-只卖有身份的化妆品!
眉毛的自我修养
无瑕痘
高清镜头也不怕
只要一点瑕疵… ¥89
对痘肌友好的… ¥59
拍走脸上小瑕疵 ¥168
零油光一整天
ARE YOU READY?
首页 专题 分类 购物车 我

（a）　　（b）

图 2-2

表 2-9

<table>
<tr><th>店　铺</th><th>产品展示和终端设计优化建议</th></tr>
<tr><td rowspan="2">线下店铺</td><td>产品展示和服务优化建议</td></tr>
<tr><td>功能区设置：

产品展示：

内部设计：</td></tr>
<tr><td rowspan="4">线上店铺</td><td>产品展示和终端设计现状分析</td></tr>
<tr><td>用户画像（简洁地列举 3 种用户，如“知乎-需要专业帮助的职场新人”）：

用户目标（思考用户会用这个 App 做什么，列举 3 种用途）：

使用场景（简洁地描述 3 种用户可能使用 App 的场景，如敷面膜的空闲时间）：

视觉设计（用 2 个关键词描述 App 的视觉风格，列出 2 个最好的和最差的视觉设计细节）：

1．用 3 个关键词描述用户体验：
2．用户体验打分：□非常好　□良好　□合格　□有点差　□非常差
3．产品优点（关键词，不超过 3 个）：
4．产品缺点（关键词，不超过 3 个）：</td></tr>
<tr><td>产品展示和终端设计优化</td></tr>
<tr><td>产品展示和终端设计优化建议（结合每日美妆的定位给出优化建议，不超过 3 点）：

视觉设计优化：
页面设计优化：
布局设计优化：
浏览、下单等程序优化：
增加用户黏性的优化建议：
功能优化：
活动优化：
其他优化：</td></tr>
</table>

步骤三：竞品对比分析

如今，创业者很难找到空白市场进行创业，即使准备替代现有产品，在将自己的产品推向市场之前也应该进行充分的竞品对比分析。在上文的内容中，我们讨论了每日美妆能为用户创造什么价值，本步骤将把每日美妆放到市场中，看一看与竞争对手相比每日美妆的优势在哪里，以及这些优势有没有清楚地表达出来让用户感知到，因为价值是由用户判断的，如果用户无法感知价值，那么再好的产品和服务也无法得到用户的认可。在本步骤的分析中，创业者可以查阅“知识拓展”部分。

1. 找出竞争对手

做好竞品对比分析，找出竞争对手是第一步。在每日美妆刚刚起步的时候，罗晓东将莎莎、屈臣氏、植物医生三个品牌作为主要竞争对手，可以把它们理解为线下实体店的竞争对手。事实上，美妆经营已经在线上呈现蓬勃发展之势，作为一家 O2O 模式的美妆产品创业公司，每日美妆还需要找出线上的竞争对手。

以下方法有助于找出每日美妆的竞争对手。

① 登录论坛、美妆博客、搜索网站等相关网站，搜索与美妆业务或用户相关的关键词（如“美妆”）。

② 将搜索结果中的同类品牌或产品列在表 3-1 中。

③ 将搜索结果中出现频率最高的三个品牌作为每日美妆在线上的主要竞争对手。

表 3-1

关键词	美妆				
搜索结果	美啦美妆				
每日美妆在线上的主要竞争对手： 1. 2. 3.					
① 竞争对手的确定，遵循“先全面、后精选”的搜索原则，“先全面”指尽可能多地寻找竞品和潜在竞品，借此机会对行业进行全面了解；“后精选”指聚焦关键竞品。 ② 使用关键词搜索延展法搜索产品，就是用一个关键词搜索出来的结果找到其他相关的关键词。 ③ 除了搜索引擎平台，微信朋友圈也是很好的信息补充渠道，有时可以发现在一般搜索引擎平台中搜不到的信息。 ④ 搜索出竞品后，根据竞品对比分析的目的进行横向比较，选择对象					

2. 分析竞争优势

选出主要竞争对手后，我们需要在收集大量资料的基础上，站在用户的角度选择合理的对比维度，将每日美妆的竞争优势直观地呈现出来。请创业者回顾上文的内容并搜索竞品资料，分析每日美妆与竞争对手的比较情况，并将其填写在表 3-2 中。

表 3-2

比较内容		比较对象		
		每日美妆	竞争对手 1：	竞争对手 2：
战略比较	产品定位			
	目标人群			
	解决需求			
	盈利模式			
产品比较	优势产品	1. 2. 3.		
	核心竞争力	1. 自主设计的数据收集系统 2. 3.		
	用户体验	1. 界面简洁美观 2. 3.		
分析结论	竞争优势	1. 2. 3.		
	竞争劣势	1. 2. 3.		
	竞争策略	1. 2. 3.		
① 每日美妆的核心指标是定位和产品，分析维度主要选择战略比较和产品比较。竞品对比分析有多个维度，在对项目进行深入分析时可以参考“知识拓展”部分增加分析维度。 ② “盈利模式”请参考步骤四开头给出的每日美妆的盈利点来填写。 ③ “竞争优势”请参考表 3-2 中“战略比较”“产品比较”部分的内容，提炼、总结后填写				

3．感知产品价值

产品和服务的价值是由用户判断的。在实践中，产品有优势，创业者也清楚，但是如果不解释用户就感知不到的例子有很多。因此在发现了每日美妆的竞争优势后，还要让用户从各方面感知这些优势。

广州市场中曾经有一款叫作“阿力魔熊胆克痘露”（以下简称“阿力魔”）的产品，当时，阿力魔的创业团队知道该产品与卖得比较好的另一款祛痘产品“泽平粉刺立消净”（以下简称“泽平”）对比有三个优势，但是这三个优势均未被用户感知到。

首先是品牌形象优势。阿力魔请了当时人气很高的影视明星代言，不过由于在电视、报纸等大众媒介中宣传的次数很少，时段也不理想，受众群体很小，因此即使用户在商场的货架上看到阿力魔也不知道是明星代言的产品，加上店面海报比较难维持，在这种情况下，代言人被“浪费”了。很多产品在包装上印有代言人的图片，如 EMS 快递的封面上曾印过刘翔的图片，百事可乐也经常把代言明星的图片印在罐子上。这样，即使用户没有在电视上看过产品广告，也会在经过货架时看到印有代言人的产品包装，那样的感觉是不同的。

其次是容量和价格优势。阿力魔的 25mL 装只比泽平的 15mL 装贵 1 元，产品单价基本相同，但是阿力魔的容量更大，可以说有明显的价格优势。但是从外包装的大小来看，阿力魔与泽平并无明显区别，且一些用户在产生购买欲望的时候感性思维常常占据上风，所以阿力魔明显的容量和价格优势也没有展现给用户。

此步骤的具体操作，可以与步骤二的“产品展示和终端设计优化”同时进行。

步骤四：商业模式优化

商业模式应该至少包括两个方面：为用户创造价值，将用户价值转化为利润。在上文的内容中，我们讨论了每日美妆通过哪些产品或服务为用户创造价值。本步骤将讨论每日美妆获取利润的模式，也就是一个狭义的商业模式概念——盈利从哪些点中产生。

每日美妆的盈利点主要有“产品销售差价、高毛利的自主品牌、品牌运营、数据价值”四个。请创业者结合上文的内容，运用头脑风暴法对每一个盈利点进行详细的分析。

1. 产品销售差价盈利分析

无论是代理品牌还是自主品牌，每日美妆都依托其线下实体店和线上App这两种渠道进行销售，属于典型的O2O销售模式。在O2O销售模式中，很容易出现线上线下销售渠道“自相残杀”的现象，因此要对每日美妆线上线下销售渠道进行规划和设计。请创业者思考每日美妆线上线下销售渠道的区别和特点，并将其填写在表4-1中。

表4-1

规划	渠道	
	线下实体店	线上App
主要作用	1. 2. 3.	1. 2. 3.
产品线结构优化	产品档次： 价格区间： 产品类型：	产品档次： 价格区间： 产品类型：
利润规划	□高利润 □低利润	□高利润 □低利润
销售目标	□增加用户数 □提高客单价	□增加用户数 □提高客单价

2. 品牌运营盈利分析

无论是线上还是线下，当销售渠道或网络发展到一定规模时，通常意味着创业者能接触到足够多的用户，这时许多品牌制造商会愿意在创业者的渠道中付费推广。随着每日美妆销售渠道的扩展，这种品牌运营的收益将成为其又一盈利点。

品牌的选择分为两类：一类是成熟的大品牌，这类品牌愿意在有实力的销售渠道中投入推广费用，我们可以联系美妆产品的知名品牌制造商；另一类是新兴的小品牌，这类品牌通常愿意提供更多的促销费用。为品牌制造商提供的推广服务通常有广告、开放接口、重点展示、专题促销等，具体可查阅“知识拓展”部分。假设每日美妆已经在线下 100 所高校内开设了线下体验店，线上的日活跃用户数为 2 万名，请创业者通过表 4-2 对每日美妆的渠道收入规划进行初步思考。

表 4-2

<table>
<tr><td>品牌类别</td><td colspan="2">成熟的大品牌</td><td colspan="2">新兴的小品牌</td></tr>
<tr><td>可提供的推广服务</td><td></td><td></td><td></td><td></td></tr>
<tr><td>收费方式</td><td></td><td></td><td></td><td></td></tr>
<tr><td>服务频率（次/月）</td><td></td><td></td><td></td><td></td></tr>
<tr><td>优先顺序</td><td colspan="4">（“优先顺序”指的是对提供的推广服务进行次序排列）</td></tr>
<tr><td colspan="5">① 不是所有品牌都适合通过创业者的项目进行推广运营，想在维持消费体验的前提下通过此种模式获利，创业者首先需要选择运营品牌。
② 持续盈利的前提是维持或优化消费体验，从而留住最大的资源——用户，因此创业者需要根据用户特点对服务频率、优先顺序等进行设计和限制。
③ 根据自身所处的不同创业期对收费服务进行排序</td></tr>
</table>

3. 数据价值盈利分析

《2021中国数字经济发展研究报告》显示，2019年我国数字经济规模占GDP的比重为36.2%，成为国家应对经济下行压力的关键抓手。随着DT（Data Technology，数据处理技术）时代的到来，数据价值成为重要的盈利点，因此每日美妆拥有的后台数据具有很高的价值。请创业者搜索数据价值变现的相关知识，为每日美妆设计数据价值盈利的模式，并将其填写在表4-3中。

表4-3

<table>
<tr><td>盈利设计</td><td colspan="4">数据类型</td></tr>
<tr><td>可否变现</td><td>□可变现
□不可变现</td><td>□可变现
□不可变现</td><td>□可变现
□不可变现</td><td>□可变现
□不可变现</td></tr>
<tr><td rowspan="2">变现方式</td><td colspan="2">1.</td><td>□较难实现
□容易实现</td><td>□可持续
□不可持续</td></tr>
<tr><td colspan="2">2.</td><td>□较难实现
□容易实现</td><td>□可持续
□不可持续</td></tr>
<tr><td rowspan="2">变现方式</td><td colspan="2">3.</td><td>□较难实现
□容易实现</td><td>□可持续
□不可持续</td></tr>
<tr><td colspan="2">4.</td><td>□较难实现
□容易实现</td><td>□可持续
□不可持续</td></tr>
<tr><td colspan="5">其他盈利模式（若有其他盈利点也可以列举出来）：
1.
2.
3.</td></tr>
<tr><td colspan="5">① 所有的数据都有价值，但不是所有的数据价值都可以变现。
② 数据价值变现可以从消费者和生产者两个方面考虑。
③ 当数据价值变现方式容易实现且可持续实现时，该变现方式可以成为盈利点之一，反之则无法成为盈利点。
④ 其他盈利点也需要考虑其易得性和可持续性</td></tr>
</table>

步骤五：整合创业资源

一些初创公司的创业之路往往因为资源枯竭而被迫停止。创业能力不只是发现商机的能力，还是整合相应资源、把商机变为现实的能力。从某种意义上讲，经营公司就是经营资源。

创业者在忙碌的一天中，需要不停地拜访重要客户、召开业务会议、约见投资伙伴，甚至下班后仍然与核心员工促膝谈心，或与同行好友喝茶聊天，其实这都是在整合并经营资源。本步骤将通过训练，分析每日美妆在执行层面的各项关键业务是如何进行资源整合的。

1. 分析核心资源

在对商业模式进行优化之后，我们需要对支撑每日美妆关键业务的核心资源进行细致的梳理。每日美妆既为用户提供标准化的美妆技能服务，又通过销售品牌化妆品盈利，还将高校用户的美妆数据整理为极具竞争力的数据产品进行销售。请创业者结合这几项关键业务，将每日美妆所需的核心资源填写在表 5-1 中。

表 5-1

关 键 业 务	每日美妆所需的核心资源（可从以下五个方面考虑）
标准化的美妆技能服务	① 实物资产： ② 知识技术： ③ 人力资源： ④ 合作网络： ⑤ 金融资源：

续表

关 键 业 务	每日美妆所需的核心资源（可从以下五个方面考虑）
销售品牌化妆品	① 实物资产： ② 知识技术： ③ 人力资源： ④ 合作网络： ⑤ 金融资源：
高校用户美妆数据分析	① 实物资产： ② 知识技术： ③ 人力资源： ④ 合作网络： ⑤ 金融资源：

请创业者综合考虑表 5-1 中的五个方面，将每日美妆所需的核心资源及明细填写在表 5-2 中。

表 5-2

核心资源	明细
店铺	高校内或周边 200m 范围内，面积不小于 $80m^2$，统一装修
① 资源整合的方向不能乱，需要直指关键业务。 ② 每一项关键业务都可从表 5-1 中的五个方面考虑，创业者可根据业务需求具体考虑，最后进行汇总合并。 ③ 对于各项核心资源的具体内容应尽量采用定量描述	

2. 获取核心资源

接下来，创业者应该把目光聚焦在如何获取和运用核心资源上。对创业者而言，资源的所有权不是关键，真正关键的是对外部资源的控制和影响。通常情况下，获取所需资源的渠道越多，初创公司的绩效越好。接下来，请创业者就每日美妆发展所需获取的核心资源列出计划方案，并将其填写在表 5-3 中。

表 5-3

核心资源	获取资源的方式/渠道	简要的原因说明
1.		
2.		
3.		
4.		
① 获取所需资源对创业者而言是一项重要的计划。 ② 通常情况下，获取所需资源的渠道越多，初创公司的绩效越好。创业团队应尽可能多地拥有获取核心资源的能力和渠道。 ③ 创业团队应在充分沟通后，按照 SMART 准则（Specific、Measurable、Achievable、Relevant、Time-bound，分别代表具体的、可测量的、可实现的、相关的、有时限的）制订并合力完成清晰的资源获取计划		

步骤六：针对性团队建设

美妆是一个快速发展的大市场，这一市场的商业模式处于不断的创新之中。“天下武功，唯快不破”，谁能制订一个优秀的商业计划并快速执行，谁才有可能在快速发展的大市场中站稳脚跟。针对性团队建设是执行商业计划的人力基础，创业团队的内耗和质疑是一些创业公司“出师未捷身先死”的原因之一。那么一个团结、高效的创业团队是如何组建的呢？本步骤将通过训练，指导创业者为每日美妆组建针对性团队。

1. 岗位职能分析

岗位职能的设置依据来自产品、服务和商业模式需要完成的任务。每日美妆作为一个 O2O 跨境电商化妆品消费平台，旨在为 2000 万名女大学生提供线上互动、线下体验，以及线上线下的化妆品销售服务。请创业者回顾步骤二、三、四中关于产品、服务和商业模式的相关分析，思考以下问题并在相应的选项前打“√”。

① App 的开发维护是不是每日美妆的关键环节？ □是 □不是

② 美妆体验是不是每日美妆的关键环节？ □是 □不是

③ 产品供应链是不是每日美妆的关键环节？ □是 □不是

④ 营销策划是不是每日美妆的关键环节？ □是 □不是

⑤ 其他________________________？ □是 □不是

团队中岗位职能的设置由以上关键环节的任务决定，请创业者思考每日美妆需要设置的工作岗位，并将其填写在表 6-1 中。

表 6-1

工作岗位	岗位职能 （使用结果表述而非过程表述）	是否属于核心岗位	可否外包
① 团队建设不是盲目的，岗位职能分析是组建创业团队的第一个步骤。 ② 岗位职能的设置应根据创业项目的关键环节需要完成的任务决定。 ③ 岗位职能应使用结果表述而非过程表述，尽量采用定量描述			

2. 团队人员规划

组建团队除了要找到合适的人员，还要通过合适的激励方式把人员留住，这是创业者在寻找人员之初就要考虑清楚的。请创业者为每日美妆设计团队人员规划，并将其填写在表 6-2 中。

表 6-2

岗 位	人 员 要 求	人 员 类 型	激 励 方 式
	专业能力： 相关经验： 能带来的资源：	□联合创始人 □战略合作伙伴 □核心人员 □普通人员	1. 2. 3. 4.
	专业能力： 相关经验： 能带来的资源：	□联合创始人 □战略合作伙伴 □核心人员 □普通人员	1. 2. 3. 4.
	专业能力： 相关经验： 能带来的资源：	□联合创始人 □战略合作伙伴 □核心人员 □普通人员	1. 2. 3. 4.
	专业能力： 相关经验： 能带来的资源：	□联合创始人 □战略合作伙伴 □核心人员 □普通人员	1. 2. 3. 4.
	专业能力： 相关经验： 能带来的资源：	□联合创始人 □战略合作伙伴 □核心人员 □普通人员	1. 2. 3. 4.
① 团队人员规划有助于创业者“按图索骥”，找到最合适的人员。 ② 团队人员规划是组建团队的第二个步骤，需要在岗位职能分析的基础上进行。 ③ “人员要求”中的“相关经验”强调与岗位匹配的工作、学习经验，注重标志性成果，应尽量采用定量描述。 ④ “人员要求”中的“专业能力”和“相关经验”是必填部分，“能带来的资源”是选填部分。 ⑤ “激励方式”根据“人员类型”来选择			

3. 团队 CEO

CEO（Chief Executive Officer，首席执行官）作为团队的带头人，是团队的核心，CEO 的性格和素质影响着整个团队的氛围和效率，其对业务和方向的思考直接决定着团队的发展。因此我们对 CEO 的特质进行单独讨论，以期引起创业者的足够重视。

请创业者分析新零售时代对 CEO 有哪些要求，具体对每日美妆 CEO 罗晓东应该扮演的角色和应该具备的素质有哪些要求，对这些要求进行总结提炼，并将其填写在表 6-3 中，尽量凝练且有代表性。

表 6-3

记　录　点	记 录 内 容
新零售时代的特点	1. 2. 3. 4.
新零售时代 对 CEO 的要求	1. 2. 3. 4.
每日美妆 CEO 应该具备的素质	1. 2. 3. 4. 5. 6.
针对是否适合担任 CEO 分析自己的优势：	

若无法全面地评估自己，我们为创业者准备了专业的评测工具，请查阅附录部分，运用凯尔西（Myers-Briggs Type Indicator，MBTI，迈尔斯-布里格斯个性类型指标）评测工具对自己进行客观的评价。

步骤七：真的想好要创业了吗

创业是一条艰苦的道路，在这条道路上，其他人看到的是创业者获得的鲜花和掌声，创业者深刻体会到的却是满地荆棘和苦苦挣扎的煎熬。一旦开始创业，意味着创业者需要奉献几乎全部的时间和精力，放弃安逸的生活、稳定的薪水，踏上一条全力拼搏却不一定成功的奋斗之路。所以，创业者必须反复地问自己：真的想好要成为创业者并开始行动了吗？

1．为什么创业

有些人在准备创业的时候满腔热情，但是真正开始创业以后，一旦遇到困难就无法坚持；还有些人在创业的道路上屡败屡战，历经各种困难，仍能坚持不懈。几乎所有的创业探索都意味着付出机会成本和历经各种困难，所以创业者必须在行动前进行一次认真的确认。以下问题有助于创业者确认自己是不是一个真正的创业者。

（1）你为什么想创业？

①

②

③

（2）一旦开始创业，意味着你将放弃什么？

①

②

③

（3）一旦开始创业，你愿意投入什么？

①

②

③

2. 凭什么创业

除了满腔热情和坚定的目标，创业者还要问一问自己凭什么创业，思考“我是谁”“为什么创业这件事由我来做更容易成功”等问题。请创业者根据自己的情况回答以下问题，并在相应的选项前打“√”。

① 你是否能比其他人更敏锐地感知商业机会？ □是 □否

② 你是否比其他人拥有更成熟的行业经验？ □是 □否

③ 你是否懂得创业中基本的人情世故？ □是 □否

④ 你是否具备有效的创业人脉资源？ □是 □否

⑤ 你是否愿意且能够与其他人分享？ □是 □否

⑥ 你是否能快速行动，让创意落地？ □是 □否

如果暂时还不具备以上条件，那么你是否愿意通过学习，在行动中提升自己各方面的能力？

□是，我愿意在行动中学习，并不断改变自己

□否，学习可能解决不了我的问题，我再想一想

如果你的答案是前者，那么欢迎你，让我们一起开启创业实训之旅吧！如果你的答案是后者，创业实训也将帮助你了解当今的商业社会，更好地走入职场。

提示

① 创业者应在创业前多问自己“为什么创业这件事由我来做更容易成功”，全方位地了解自己的能力和素质，不断地总结和反省。

② 几乎没有哪一个创业者在一开始展现的态度或行为就是完美的，当然也不存在“完美”的企业家。因此，创业者需要通过不断学习培养自己的创业智慧和能力。

项目总结性思维导图

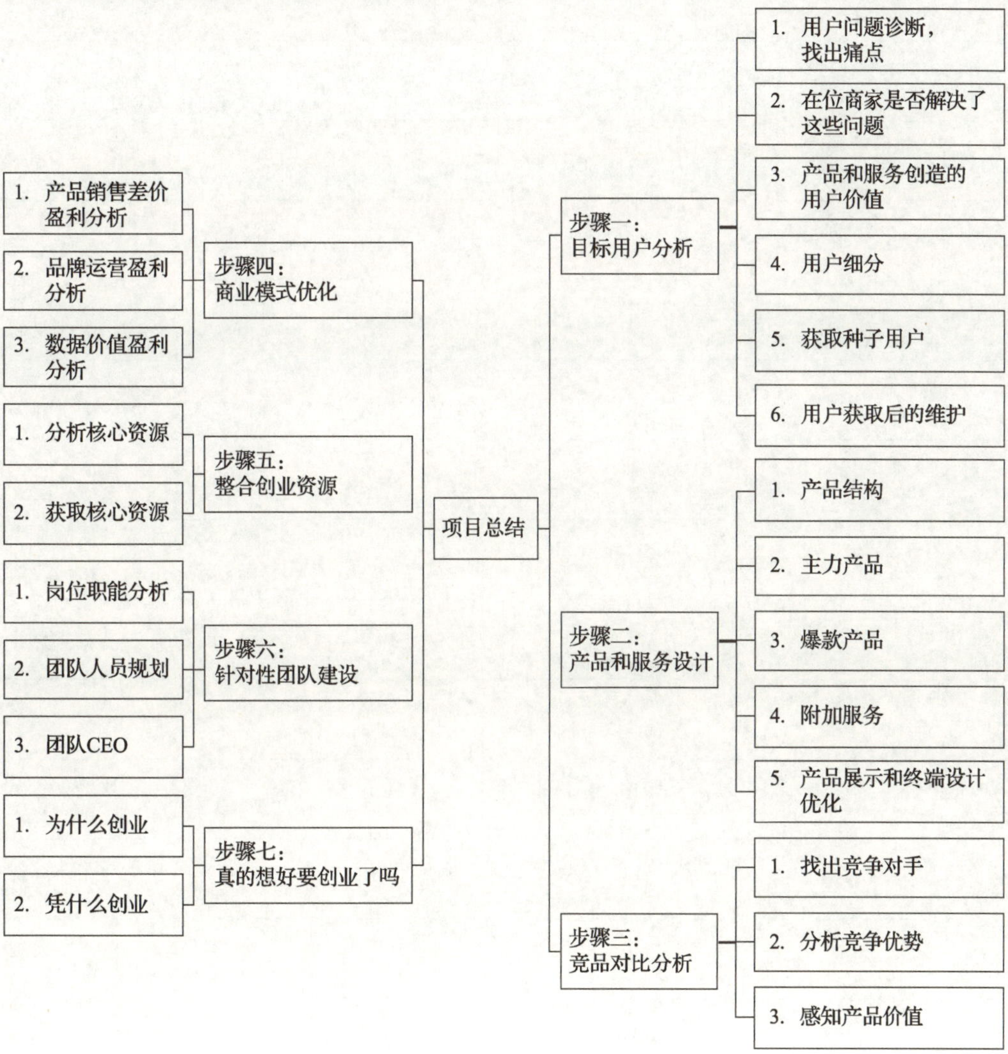
项目总结
步骤一：目标用户分析
1. 用户问题诊断，找出痛点
2. 在位商家是否解决了这些问题
3. 产品和服务创造的用户价值
4. 用户细分
5. 获取种子用户
6. 用户获取后的维护
步骤二：产品和服务设计
1. 产品结构
2. 主力产品
3. 爆款产品
4. 附加服务
5. 产品展示和终端设计优化
步骤三：竞品对比分析
1. 找出竞争对手
2. 分析竞争优势
3. 感知产品价值
步骤四：商业模式优化
1. 产品销售差价盈利分析
2. 品牌运营盈利分析
3. 数据价值盈利分析
步骤五：整合创业资源
1. 分析核心资源
2. 获取核心资源
步骤六：针对性团队建设
1. 岗位职能分析
2. 团队人员规划
3. 团队CEO
步骤七：真的想好要创业了吗
1. 为什么创业
2. 凭什么创业

收官

考核与评分

创业实训考核与评分

姓名：________________

电话：________________

邮箱：________________

一、考核内容、标准、方法

创业实训旨在通过真实的项目训练帮助互联网时代的创业者提升创业实战能力。创业能力是综合性的，我们希望通过在创业学习中得到普遍认可的“商业模式画布”进行综合性的训练和考核。

通过上文的项目训练，学员应该已经较好地掌握了消费品创业的基本思路和技能。在考核环节中，请学员自主选择一个消费品创业项目并完成该项目的商业模式画布。商业模式画布由创业导师评分，评分标准详见《创业实训评分表》，满分为 100 分。

在填写商业模式画布时，由于整张画布的内容需要高度凝练，因此我们将画布拆分为包括九张步骤表和一张汇总表的十张套表，并采用活页装订法。学员可以在步骤表中填写并解释自己的想法，但是在汇总表中只能将高度凝练的短语填写在不同的模块中。学员在完成套表后，撕下活页套表并填写自己的相关信息，装订后上交实训机构。创业导师将对十张套表评分，用步骤表分析学员知识和工具的掌握情况，用汇总表判断学员创业思路的逻辑性和可行性，最终根据评分标准得出学员商业模式画布考核的成绩。

二、考核表单

（一）所选项目介绍

____

____

____

____

____

（二）商业模式画布考核

步骤一：客户细分

请学员根据项目中“目标用户分析”步骤的训练，参考“知识拓展”部分的相关内容填写以下清单，完成用户画像。

用户画像

基本属性
- 年龄：
- 性别：
- 所在区域：
- 单位类别：
- 级别：
- 其他：

行为数据
- 购物偏好：
- 品牌倾向：
- 消费水平：
- 消费频率：
- 关注话题：
- 其他：

步骤二：价值主张

该项目计划或能够为细分客户带来哪些价值？请学员总结后填写在以下清单中。

价值主张

①

②

③

④

⑤

步骤三：渠道通路

如何将该项目的价值主张传递给客户？请学员将计划填写在以下清单中。

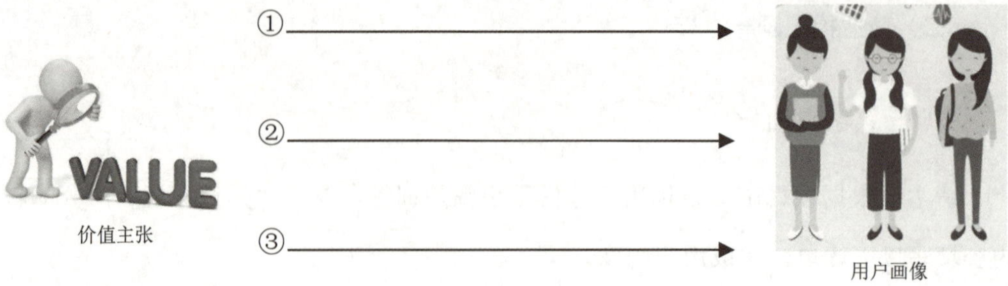

步骤四：客户关系

实践中存在以下六种客户关系，企业会与客户保持其中一种或几种关系。请学员参考六种客户关系，回顾上文的内容，回答并填写以下问题。

（1）客户希望与你建立并保持怎样的关系？

□个人助理　　□自助服务　　□专用个人助理

□自主化服务　　□社区　　□共同创作

（2）你想通过哪些渠道或手段保持客户黏性？

____

____

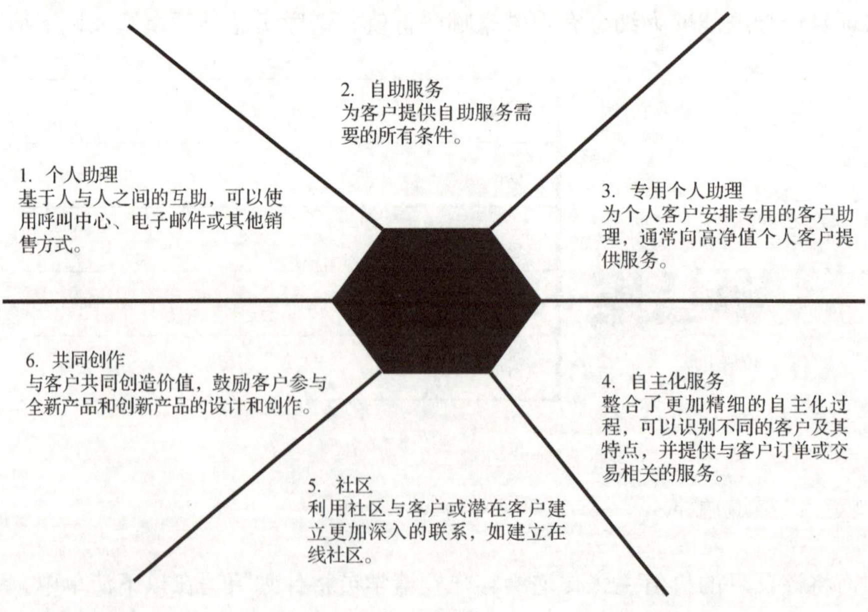

步骤五：收入来源

（1）客户是如何支付费用的？客户更愿意如何支付费用？

____

____

（2）该项目的每一种收入来源占总收入的比例分别是多少？

____

____

（3）该项目可以考虑以下哪些收入来源？请学员在相应的选项前打“√”。

□资产销售　□使用收费　□订阅收费　□租赁收入

□授权使用费　□经济收费　□广告收入

（4）请学员将可以考虑的收入来源按照可行性大小的顺序进行排列。

①______ ②______ ③______ ④______

⑤______ ⑥______ ⑦______ ⑧______

步骤六：核心资源

请学员围绕实物资产、知识技术、人力资源、合作网络、金融资源五种核心资源，思考并填写以下商业模式单元所需的核心资源。

商业模式单元	所需的核心资源
价值主张	
渠道通路	
客户关系	
收入来源	

步骤七：关键业务

关键业务主要包括三类：制造产品，与设计、制造和发送产品相关，是商业模式的核心；平台和网络，网络服务、交易平台、软件甚至品牌都可看作平台，与提供服务、平台管理和平台推广相关；解决问题，为客户提供新的解决方案，需要知识管理和持续培训等业务。

请学员为该项目总结关键业务，并填写在以下清单中。

（1）________________________________

（2）________________________________

（3）________________________________

步骤八：重要伙伴

合作关系主要包括四类：在非竞争者之间的战略联盟关系，如微软与英特尔（操作系统与 CPU）；竞争合作，即在竞争者之间的战略合作关系，如滴滴与快的；为开发新业务而建立的合资关系，如阿里巴巴与软银成立合资公司 SB Cloud；为确保可靠供应的购买方，即供应商关系。

请学员思考并回答以下问题。

（1）谁是你的重要伙伴？

____

（2）谁是你的重要供应商？

____

（3）你正在从伙伴那里获取哪些核心资源？

____

合作关系具有以下作用。

减小风险和不确定性	模式优化和规模经济	获取特定资源和业务活动
合作关系可减小以不确定性为特征的竞争环境中的风险	模式优化和规模经济的合作关系通常可以降低成本，并且往往涉及外包或基础设施共享	依靠其他伙伴获取特定资源和业务活动，扩展自身能力

步骤九：成本结构

成本结构包括以下两种类型。

成本驱动型：创造和维持最经济的成本结构，采用低价的价值主张、最大限度的自动化和广泛的外包，如低价航空公司。

价值驱动型：专注于创造价值，增值型的价值主张和高度个性化的服务通常是价值驱动型成本结构的特征，如高级酒店。

请学员思考并回答以下问题。

（1）商业模式中最重要的固有成本是什么？

____

（2）哪些核心资源花费最多？

____

（3）哪些关键业务花费最多？

____

商业模式画布汇总表

步骤八：重要伙伴	步骤七：关键业务	步骤二：价值主张	步骤四：客户关系	步骤一：客户细分
	步骤六：核心资源		步骤三：渠道通路	
步骤九：成本结构			步骤五：收入来源	

（三）创业实训总结报告

此部分考核由学员独立完成，学员可以展示自己关于创业实训见习的不同体验和由此形成的观点。我们希望学员能围绕“创业精神”“创业技能”展开思考，这是我们开展创业实训的重点。当然学员也可以自由发挥，表达最深刻的体验。

此部分考核不设定具体的指标，由创业导师评分，满分为 20 分，与商业模式画布考核共同组成学员的实训成绩。

创业实训总结报告

有关创业精神方面的收获	
有关创业技能方面的收获	
其他收获	
给创业实训教学的建议	

三、考核评分

请创业导师根据以下评分标准为参加创业实训的学员评分。

创业实训评分表

考核内容		考核指标	满分（分）	创业导师评分（分）
商业模式画布考核	客户细分	是否真正理解了客户需求 是否完成了用户画像	8	
	价值主张	产品或服务设计是否合理 细分客户能否感知产品价值	8	
	渠道通路	传递价值的渠道选择是否正确 “互联网+”背景下的渠道选择是否具有创新性	8	
	客户关系	客户关系定位是否准确 维护客户关系的方法是否有效	8	
	收入来源	收入来源是否具有可行性 是否充分挖掘了潜在的收入来源	8	
	核心资源	所需核心资源是否详细、精确	4	
	关键业务	关键业务是否准确、可行	4	
	重要伙伴	重要伙伴是否考虑周全 供应商关系是否考虑周全	8	
	成本结构	成本结构类型是否合理 是否准确定位了花费最多的商业模式单元	8	
	商业模式画布汇总表	商业模式画布汇总表是否完整、准确	16	
创业实训总结报告		是否有体验和收获 是否真实、客观	20	
总分			100	

知识拓展

一、市场和用户分析

1. 准确找到目标市场

对于创业者来说，满足目标市场的需求是创业的初心。百度百科对“目标市场”的定义是“具有相同需求或特征的、公司决定为之服务的购买者群体”。这个简短的定义包含了三个非常重要的关键词：一是“购买者群体”，二是“具有相同需求或特征”，三是“公司决定为之服务”。

① 购买者群体。这里指的是愿意为公司的产品和服务付费的购买者。在传统商业时代，购买者与使用者往往是统一的；但在互联网时代，越来越多的产品出现了购买者与使用者的分离。有一句很著名的话是“羊毛出在猪身上，让狗来买单”，这是互联网时代新商业模式的真实写照。在这种情况下，找到真正的购买者成为创业者的首要任务。

② 具有相同需求或特征。我们提醒创业者关注真正的购买者，并不是说使用者的需求不重要，恰恰相反，购买者的很多需求来自使用者。仔细观察，市面上的儿童玩具主要分为两类：一类是芭比娃娃这类小孩子非常喜欢的玩具，如图 1-1（a）所示，这类玩具常常包装得非常漂亮，用一个大大的透明盒子展示所有的玩具部件，与“孩子”这一直接使用者对话，通过吸引直接使用者的注意力促使购买者购买产品；另一类是智力开发型玩具，如图 1-1（b）所示，常常同时与家长和孩子对话，不但用鲜艳的颜色吸引孩子的注意力，而且强调玩具的趣味性、开发智力等特征，既能吸引使用者的目光，又能满足购买者的需求，从而推动购买者购买产品。

这两类儿童玩具之所以能大获成功，是因为它们准确地找到了真正的对话者。在找到主要需求后，我们还需要分析购买者和使用者的年龄、消费能力、生活习惯、使用习惯、可自由支配收入等多种特征，这是认真审视目标市场的关键环节，也是市场细分的主要依据，为下一步的决定打好基础。

（a）

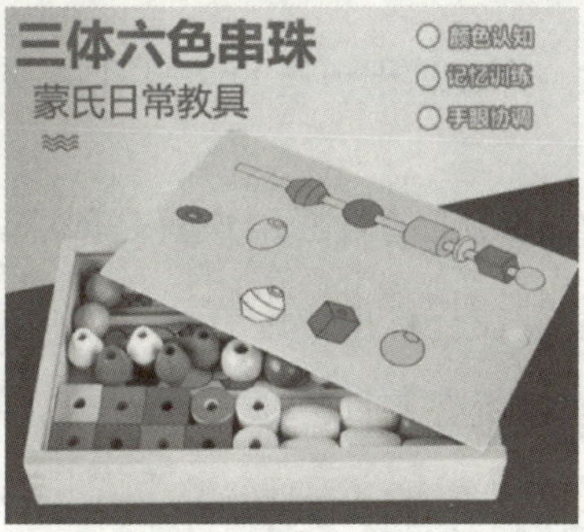

（b）

图 1-1

③ 公司决定为之服务。这里指的是公司的市场定位问题。市场由人组成，在真实的市场中，主要需求相同的用户群体很大，但其性格、特征各异，购买决策的决定因素也各不相同，很难有一家公司能满足所有用户关于某个产品的所有需求，独占市场。这时，如何选择自己的目标用户，将公司最具优势的资源集中于某一类目标用户的某一个细分需求，成为创业公司最大的挑战。

例如，在国产中低端手机市场中，有些用户对价格比较敏感，对功能没有特殊要求，需要在买完手机后享受一定的服务，因此“性价比高、用户服务做得比较好”的小米手机更适合这类目标用户；有些用户对拍照功能的要求非常高，且愿意为此多支付一定的资金，因此主打“拍照”功能的 OPPO 手机更能满足这类目标用户的需求。

小米、OPPO 是非常不错的国产手机品牌，它们的诞生也都是为了满足目标用户的智能通信需求，但小米将“性价比”作为手机的卖点，选择服务对价格比较敏感的用户，公司的主要力量尽可能集中于在压缩成本的前提下保证质量和服务，从而持续获得这类用户的青睐；OPPO 则选择服务比较年轻、时尚的用户，在“拍照”功能上发力，聘请当红流量明星代言，加大营销投入，尽可能地在这类用户中扩大影响力、提高知名度。选择服务的用户不同，造就了这两个手机品牌完全不同的产品设计理念、营销手段和竞争策略，使它们成为两个完全不同但都很成功的手机品牌。

2. 开发属于自己的种子用户

找到真正的目标用户只是创业者迈向成功的第一步。仔细观察一些优秀的品牌，我们发现在目标用户中有一群用户属于品牌的忠实用户，我们通常称其为“铁粉”。“铁粉”超级喜欢某些品牌，喜欢到自愿为其进行宣传的程度，经常为品牌操心。拥有这类忠实的“铁粉”是品牌的幸运，他们就像品牌发展壮大的“火种”。“星星之火，可以燎原”，拥有这群“火种”的品牌往往能借助他们形成燎原之势，因此他们也被称为“种子用户”。

很多品牌在尽力开发属于自己的种子用户，方法各不相同，在此向大家介绍一个较为成功的品牌作为参考。在我们看来，与用户之间的强联系是未来维系用户的重点和难点，而这个品牌为我们提供了一个与用户之间形成强联系的样板，它就是出版了《参与感》一书并已正式加入“造车大军”的小米。

《参与感》详细介绍了小米“从 0 到 1”的启动过程。2010 年 4 月，北京小米科技有限责任公司正式成立，定位是智能手机的自主研发。截至 2011 年年底，小米的 MIUI 系统拥有了 100 万名用户，小米 1 一经开售即被抢空，销量超过 100 万台。之所以能有这样亮眼的成绩，得益于小米的 100 个种子用户。为了感谢这“100 个梦想的赞助商”，小米将 MIUI 系统第一版的开机画面设置为他们的网名，那一场发布会让很多人流下了感动的泪水。

2010 年 8 月，小米发布了第一个手机系统 MIUI。为了实现快速推广，小米构建了一个非常简易的论坛，然后绞尽脑汁地思考该找谁来了解、试用、宣传这个系统。最终，雷军团队将第一批用户定义为“手机发烧友”：他们热衷于讨论手机技术、刷机等话题，有丰富的手机系统使用体验和经验，喜欢 DIY，常常活跃在各大手机论坛中……在那段时间内，从雷军到小米的每一个员工在每天的工作之外，雷打不动地“泡”各种手机论坛，注册、留言、向各大版主发私信，邀请他们体验小米的新系统。

终于，版主们陆续被引流到小米简易的论坛中，产生了体验这一初创系统的兴趣，也开始在论坛中“吐槽”系统的使用体验。为了维系这些体验者，小米开启了每周更新一个版本的“魔鬼模式”，每一条留言会在两天内收到小米工程师的处理结果，每一个“吐槽”会得到及时的反馈，这给了这批体验者很强的参与感，也“黏”住了这群发烧友。

很快，发烧友开始在各大论坛中讨论、推荐小米的 MIUI 系统，MIUI 系统迅速获得了首批用户。那些发烧友就是小米的种子用户，小米用参与感留住了种子用户。仔细观察小米的开发过程，我们发现小米对种子用户有着非常清晰的认知，保持用户黏性的方法也非常符合这些种子用户的胃口，所以才能得到他们的认可和推荐。

可见，创业者要找到愿意相信你、包容你，并愿意替你宣传的第一批种子用户，他们要有热情和影响力，能积极地与你进行互动，并给予你很大的信任和支持。

知识卡片

① 目标市场是具有相同需求或特征的、公司决定为之服务的购买者群体。这个定义包含了三个关键词：具有相同需求或特征、公司决定为之服务、购买者群体。

② 目标市场的定义说明其是公司自行选择的，愿意为其提供产品和服务的，具有同一种细分需求和相似购买习惯、收入水平、消费偏好的付费购买者。

③ 在目标用户中，有一批愿意相信、包容并与创业者共同成长的用户，这就是种子用户，创业者需要找准种子用户并用心维系与他们的关系。

3. 判断市场大小的两个层面

有了现实的需求和种子用户，创业者还要看这个需求大不大、够不够让公司生存下来。在北上广深这些大城市中，自助洗车是一个非常火热的商机，设置在各大停车场、加油站的自助洗车机，因价格便宜、操作简单而备受欢迎。但这个商机在相对封闭的地方很难变为现实。由于新型冠状病毒肺炎疫情（以下简称“新冠肺炎疫情”）的影响，大多数学校、单位实行了封闭式管理，在这种管理模式下，虽然学校、单位内部的洗车需求依然存在，但是市场很小，投资的回收期很长，因此自助洗车在这种地方不是一个好商机。

可见，创业者不但要通过市场调查了解用户需求，而且要了解自己准备进入的这个市场有多大。“这个市场”不是全球范围内的，也不是全国范围内的，而是启动创业后能够快速触达的区域市场。发展是以后的事，创业的第一项任务是保证公司能生存下来。能够快速触达的区域市场要有一个足够大的空间，可以容纳创业者和一两个甚至更多的竞争对手同时存在。只有满足了这个前提，创业者才有可能“小而美”地活着。在具备了这个基本的生存空间后，创业者可以分析更高层面的市场，放眼全国甚至全球。

如今，投资人喜欢问一个比较流行的问题：“这个产品的市场天花板有多高，或跑道有多长？”如果创业者想寻求投资、扩大规模，就要分析产品在全国甚至全球范围内的市场有多大，因为投资人希望投资的创业项目有足够大的市场成长空间，不能做一段时间就触到顶点了。

传统企业的成长往往有一条缓慢发展的路径，通常以一种循序渐进的方式扩大经营版图。现在，越来越多的企业抛开传统的成长路径，从创立之初就迅速走上国际化之路。这些企业虽然规模小、成立时间短，不具备传统大企业丰富的资源和优势，却能在全球范围内捕捉商机、整合资源，在国际市场中与成立已久的成熟企业展开竞争，实现快速成长。

这些企业被称为“国际新创企业”，我们不能用传统的企业理论解释这些企业的成长现象。估值超过 10 亿美元的初创企业被称为“独角兽企业”，它们通常具有三个特征：业务处于“风口”，高速发展；商业模式可扩充性强；大多使用了互联网技术。现在的创业项目可以大胆地向投资人展示全国市场甚至全球市场空间，只要有严谨的分析，就可能让人相信这个市场蓝图是可行的。

知识卡片

① 在弄明白"用户需求"这个首要问题后，创业者需要看一看自己准备推出的产品和服务有多大的市场，因为这关系到创业项目有多大的市场空间。

② 市场分为两个层面：第一个层面是"生存市场"，即启动创业后能够快速触达的区域市场，创业的第一项任务是保证公司能生存下来；第二个层面是"发展市场"，即更大范围内的全国甚至全球市场，创业项目的投资人需要了解这个市场蓝图。

4. 判断有效市场的三个因素

对于传统零售业来说，地理位置的优劣几乎决定了生意的好坏。如果大家细心观察，可能会发现大学后街、学校食堂附近的店铺一般比旁边的店铺租金高很多。为什么在同样的区域甚至同样的街道，会有这么大的差别呢？这与"有效市场"这一概念有关。市场营销课程指出，有三个因素影响了市场的大小，即人口、购买力和购买欲望，这也是我们判断有效市场的三个主要因素。

① 某一市场中的人口密集程度是判断该市场是否有效的首要因素。校内店铺的租金常常比校外店铺高很多，特别是在新冠肺炎疫情之后，大多数学校实行封闭式管理，校内店铺的租金也水涨船高，可即使如此仍然供不应求，一个主要原因是实行封闭式管理的学校是一个消费人群高度密集的场所。人群的高度密集和学校的封闭式管理，使学校这一小区域内的消费需求高度集中和同质化，与校外分散且异质性强的市场需求相比，这样的市场需求更容易满足，因此有效市场也大了许多。

超过 14 亿的人口奠定了我国消费市场的庞大规模。随着我国"逐步形成以国内大循环为主体、国内国际双循环相互促进的新发展格局"，国内品牌快速发力，国潮精品层出不穷，国货风潮流行，人们也开始转变消费观念，更多选择精品国货。我国规模庞大的消费市场开始转向国内品牌，因而诞生了越来越多的万亿元级品牌。

② 消费人群的购买力也是判断有效市场大小的重要因素。在我国的电商市场中，阿里巴巴和京东是影响力很强的两大巨头。因此，拼多多虽然发展迅猛，但是直到拥有了近 6 亿名用户后才具备了与阿里巴巴、京东竞争的实力，这主要是由于拼多多用户群体的客单价远低于阿里巴巴和京东。拼多多最初主打“便宜”，吸引的主要是购买力较弱的用户，因此虽然用户人数较多，但是商品成交额并不高。

在讨论这个话题之前，我们首先需要明确一个概念，即“购买力”不取决于用户的收入，而取决于用户的可自由支配收入。不知道大家是否发现了这样一个现象：与一二线城市相比，三四线城市的人群虽然收入较低，但是同样的产品在三四线城市往往卖得比一二线城市更贵，如服装、家电等，甚至小吃也不如一二线城市便宜。一方面，这与竞争有关；另一方面，这也是由这两类地区人群的可自由支配收入不同导致的。可自由支配收入指的是收入减去所有必需的生活成本后所剩下的、可以自由支配的收入。这就是一个月工资 2 万元的北漂白领，常常不如一个在三线城市工作、月工资 5000 元的普通职员消费能力高的原因。

具体来看零售电商行业，之所以常说阿里巴巴和京东是巨头，而拼多多只能算“小弟”，是因为阿里巴巴不但用户人数占据优势，而且人均客单价远远超过拼多多；京东虽然用户人数最少，但是人均客单价是最高的。因此，尽管拼多多用时三年完成上市，刷新了零售电商行业的纪录，但在其开始打造“百亿补贴，正品保证”的路线之前，阿里巴巴和京东仍然没有将其视为对手，主要是因为拼多多的人均客单价较低，在整个零售电商行业的“大蛋糕”中只分走了一小块。

③ 购买欲望指的是消费场景是判断有效市场大小的主要因素。图 1-2 所示的名创优品是我们在商场中经常看到的一个日用品品牌。2018 年，在线下零售业的表现普遍低迷的背景下，名创优品的营业收入达到了 170 亿元，持续保持盈利状态，并做到了定倍率为 1（名创优品的销售价基本上是其他品牌的出厂价）。能做到以上几点，得益于名创优品的多种创新玩法，其中一种玩法是将低价日用品店铺开在租金昂贵的商场中。

图 1-2

其实，名创优品的创始人叶国富在刚开始开店的时候，对于地点的选择是有两种考虑的：第一种是人流量更大、租金更便宜的地铁站，第二种才是租金昂贵的商场。最初，叶国富也拿不准哪个地点的市场更大，他来不及调研，索性先进行试销，在两个地点都开设了店铺，让不同地点的店铺用业绩说话，结果人流量明显较小的商场店铺的业绩远远高于人流量较大的地铁站，从此名创优品便扎根在商场中了。

为什么人流量较大的地铁站反而销量较少呢？叶国富总结道："地铁站的人流量看起来很大，店铺曝光率高，但这些人根本不是店铺的消费者，他们行色匆匆，对日用品的购买欲望几乎为零。反观商场，尽管只有周末这两天的人流量大一些，但凡是去商场的人基本上都是带着满满的购买欲望去的，所以购买成交量更多。"

总的来看，人口密集程度决定着需求的绝对基数大小，消费人群的购买力决定着需求的货币价值多少，购买欲望决定着需求的成交转化率高低。只有将这三者结合起来，才能形成一个有效的市场。创业者在讨论市场大小的时候，需要对以上三个因素进行综合考虑。

知识卡片

① 一个有效的市场是三个因素共同作用的结果，它们分别是人口密集程度、消费人群的购买力和购买欲望。

② 人口密集程度决定着需求的绝对基数大小，即有效市场的预计大小。

③ 消费人群的购买力决定着该需求在消费人群心目中的货币价值，即他们愿意为此支付多少钱，这决定着有效市场的价值。

④ 购买欲望决定着从需求到交易的成交转化率高低，即有效市场的实际大小。

二、产品和服务设计

“每一家活下来的公司，都是由九十九家倒下去的公司支撑起来的。”成功地开一家公司没有那么容易，一些怀揣创业热情的大学生常常只看到创业者的光环、听到创业者的宏伟梦想，对创业的想法过于乐观。20 世纪 90 年代的市场，空白领域很多，成功的公司也很多；如今这个时代，与你有同样想法的人很多，竞争相当激烈，没有清晰的商业逻辑，成功的概率会非常小。启动一个商业项目或创业需要考虑四个基本的问题，下面将逐一展开。

1．对用户痛点问题的洞察和理解带来产品的功能价值

首先，产品和服务只有满足用户需求才会为用户带来价值。什么是“用户需求”？在火车被发明出来以前，当问人们想要什么交通工具时，他们很可能回答“我想要一匹跑得更快的马”。用户需求不是产品和服务设计的出发点，以当前社会能力解决用户问题才是产品和服务设计的价值所在。

移动支付平台支付宝（见图 2-1）的母公司蚂蚁科技集团股份有限公司（以下简称“蚂蚁集团”）宣布于 2020 年筹备上市，尽管因为一些原因被迫推迟，但 2014 年成立

的蚂蚁集团已经拥有了支付宝、余额宝等多个用户数过亿的“超级产品”。

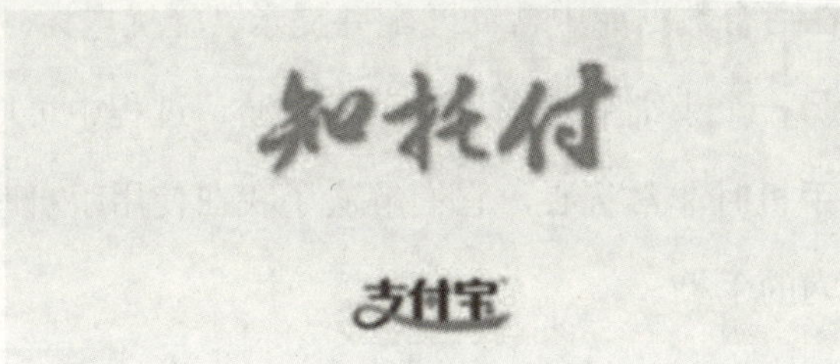

图 2-1

不过，你知道支付宝是如何诞生的吗？其实，在阿里巴巴之前，我国电子商务企业的旗舰是 8848.com，它于 1999 年起步，成立后迅速成为我国电子商务的标志性企业，在 2000 年还被《福布斯》杂志列入“中国前十大网站”。后来，由于用户对交易安全的担心、支付成功率低等因素，这个电子商务的标志性企业失败了，其创始人王峻涛还发表了“中国不具备做电商的土壤”的言论。

2003 年，淘宝成立，“交易安全”这一难题也摆在了“淘宝人”的面前。用户与商家互不信任，怎么办？淘宝站出来说：“你们都不信任对方，那我来做担保，用户把钱打给我，商家看我收到钱就可以发货，中间出了任何问题我来赔。”于是，支付宝就这样诞生了。

支付宝在开始时没有资金托管能力，每天只能依靠淘宝财务部的三个员工手工记账、核对打款。尽管很麻烦，但淘宝为了让用户的购物选择更多，打消用户对在线支付的顾虑，还是先把这个工作扛了下来，倒逼自己的技术能力。现在，支付宝每秒能处理的交易量峰值已经达到 1.2 万笔，成为我国在线支付领域的“超级应用”。支付宝解决了用户和商家对交易安全的担忧，它的出现大大推动了电子商务的发展，在帮助用户的同时也成就了自己。

可见，产品源自对用户问题的洞察和理解。那么是否所有的用户问题都能成为产品的出发点呢？创业投资领域内谈论一个“好产品”，往往会说这个产品解决了用户的某一个痛点。例如，我之前用的是苹果的手机，后来换成了华为的手机。我发现华为的手机有几个小细节是苹果的手机不具备的，非常实用：一个小细节是有陌生来电的时候，华为的手机会在后台数据库中自动匹配并提示“骚扰电话，××人标注”的字样，帮我识别骚扰电话；另一个小细节是华为的手机在通话过程中可以选择是否录音。这些小细节让我在使用手机时非常省心，它们解决了我在使用手机时的痛点，所以我不停地向其他人推荐华为的手机。

什么是“痛点”呢？我们回忆一下这些场景：手机一天到晚接到推销广告的电话，弄得我们精神紧张，怕下一个电话又是推销广告的；得了头疼脑热的小病，去医院人多又折腾，不去医院又怕吃错药；到女朋友家见家长，未来的岳父一脸嫌弃地看着我们西装上的褶皱，吓得我们心里不停地打鼓；想通过健身减肥，又怕没效果，白花钱……

在这些场景中，有一种用户情绪不断被提及——“怕”：怕接到推销广告的电话、怕吃错药、怕未来的岳父嫌弃、怕花钱健身没效果。可见，痛点是用户在面对某个问题时的恐惧情绪。并不是所有问题都会让用户愿意使用某一种产品和服务来解决，只有让用户恐惧的问题才能成为用户的痛点问题，才能成为产品和服务设计的出发点。

创业者在选择创业项目的时候，要问一问自己“用户为什么选择我”“我能为用户提供什么价值”。维生素可以促进新陈代谢，但对于一位正在忍受疼痛折磨的人来说，一瓶维生素的价值远远不如一片止疼药。创业者要问自己“用户为什么使用我的产品”“用户使用我的产品有什么好处”，因为创造用户想要的价值是获得利润的前提。

知识卡片

① 用户往往无法清晰地描述自己的需求，只能表达情绪和感觉。好产品源自对用户问题的洞察和理解，以当前社会能力解决用户的现实问题是产品和服务设计的出发点，也是产品的核心价值所在。

② 并不是所有的用户问题都能成为产品设计的出发点，在用户情绪中，恐惧情绪是推动用户发生改变的一种重要情绪，只有让用户产生恐惧情绪的问题才能成为痛点，只有从痛点出发才能设计出对用户有价值的好产品。

2. 独特的体验打造产品的情绪价值

当产品能解决用户的某一个痛点问题时，对于用户来说，这个产品就具有了功能价值。例如，某 App 具有标记、拦截骚扰电话的功能，为用户带来了价值，所以用户会安装该 App；某款洗发水具有去屑的功能，帮助用户克服了对头皮屑的恐惧，所以用户会买单；某健康管理软件对接优质医院和医生，提供在线问诊功能，用户可以通过这个功能解决“得了小病后不想去医院又怕吃错药”的痛点，所以用户人数也很多。

不过，市场中也有一些产品不符合这一逻辑，接下来我们就认识一下让用户买单的第二种产品价值。在认识这种产品价值之前，我们先看一看下面这家公司。

2020 年 6 月 1 日，一家新兴的潮玩公司向港交所递交了招股说明书。2020 年 12 月 11 日，该公司在联交所主板上市，开盘即上涨 100%，总市值达到 1065 亿港元——这就是泡泡玛特国际集团有限公司（以下简称“泡泡玛特”），如图 2-2 所示。

图 2-2

泡泡玛特通过盲盒售卖潮玩公仔，利用十年时间成为我国潮玩文化的代表，曾创下头部 IP 上架 12 小时全渠道售罄的“销售神话”。同时，泡泡玛特也是在消费品行业投资中比较让人看不懂的公司，因为人们很难理解泡泡玛特的产品逻辑。

如果说泡泡玛特是销售玩具的公司，可它的潮玩公仔买回去也不能玩，只是摆在家里，那么它的玩具好玩在哪里？如果说泡泡玛特不是销售玩具，而是销售其自主设计和运营的 80 多个 IP 形象，那么也很难说通。IP 形象通常是有故事的，如迪士尼先推出了《冰雪奇缘》这部大热的电影，赋予了电影中每个角色各不相同的精神内涵和文化共识，然后才销售艾莎和安娜等玩偶，人们购买这些玩偶，其实是在为其背后的故事买单。泡泡玛特的玩具大多只是 IP 形象，几乎没有一个是有故事的，更没有丰富的情节和精神内涵，可为什么人们仍然乐此不疲地购买呢？

我们先看一看泡泡玛特招股说明书中的两个细节，再想一想泡泡玛特公仔的购买过程，也许能找到潮玩玩家们为之着迷的原因。

第一个细节是泡泡玛特的传统线上销售渠道收入。2020 年，泡泡玛特天猫旗舰店和“泡泡玛特抽盒机”微信小程序的收入分别达到 4.08 亿元和 4.66 亿元，这对于一家零售公司来说是非常神奇的。我们想一想天猫旗舰店和微信小程序这两个渠道的差别：天猫更像传统商场，商家可以通过在天猫首页的展示位和抖音、西瓜视频等平台中买流量、打广告，将人们引流到旗舰店内购买产品，所以天猫的销售额在很大程度上反映的是营销的成果；而微信是基于社交的平台，无法通过营销将人们引流到小程序中，即使引流成功一次，用户在关掉小程序后就忘记了，因此小程序中的用户增长是很难通过营销实现的，只能通过社交分享进行传播。泡泡玛特的以上两个数据说明，其销售额主要是通过用户之间的自发分享达成的，是不花钱的。

第二个细节也很容易理解：2020 年，泡泡玛特用于营销的成本仅为 2.92 亿元，这是一个很低的数字，因为仅当年的销售人员工资成本和使用权资产折旧就达到了 2.33 亿元。这些数据进一步说明了泡泡玛特销售额的增长不是靠营销拉动的，而是出于用户自发的社交分享行为。

那么，用户为什么会自发地分享并购买泡泡玛特的公仔呢？我们再回忆一下泡泡玛特公仔的购买过程。与传统 IP 公仔的售卖不同的是，泡泡玛特采用了盲盒售卖公仔的形式，用户在购买时只知道自己购买的是哪一个系列，却不知道自己购买的是哪一个公仔。这就像一个颇具悬念的彩票游戏，用户不知道自己能不能“中奖”（买到心仪的公仔），但无论“中奖”与否，用户都有一次非常愉快的购物体验。

用户可能会先了解一下泡泡玛特的公仔系列，然后购买一个试试运气。如果运气不好，没买到心仪的公仔，即使不是重度用户，这个过程也值得用户拍张照片并发条朋友圈消息表示遗憾，假如朋友圈中也有喜欢泡泡玛特公仔的人，可能就有了一个社交理由；如果是重度用户，那么可以在玩家群中询问“有没有人愿意和我交换一下这个公仔”，这样也能与兴趣相同的人们产生社交互动；如果用户真的买到了心仪的公仔，更要发条朋友圈消息表达喜悦的心情了。

在这个过程中，泡泡玛特成了用户的社交话题，通过它，用户与品牌、与其他用户之间产生了多次互动。用户玩的只是公仔吗？当然不是，用户玩的其实是那些炫耀、分享的体验，摆在家里的公仔只是这次愉快购物体验的一个载体。每当用户在家里看到公仔时，就会想起那些购买、分享、互动的愉快体验，自然更容易形成复购，所以泡泡玛特公仔的复购率高达 58%，具有强大的用户黏性。

通过上述分析，我们就能明白泡泡玛特带给用户的价值了。在购买公仔的过程中，用户与品牌有大量的互动，这种良性的互动和彩票式的购物体验使用户产生了愉快的情绪，盲盒公仔只是这种情绪体验的载体。泡泡玛特在 2020 年超过 25 亿元的销售额，就是享受了用户情绪价值的红利。

其实，情绪价值在我们的生活中很常见：星巴克 30 元的咖啡卖的只是口味吗？当然不是，“满室咖啡的香味”“专属于自己的放松享受”才是这杯咖啡值钱的地方。

用户为痛点买单，买的是产品的功能价值；用户为体验买单，买的是产品的情绪价值。情绪价值能帮助品牌巩固与用户的关系，并带来高溢价和差异化的空间。一个很不错的公仔在其他平台中也许能卖 20 元，而泡泡玛特最便宜的盲盒公仔是 59 元，依然有很多忠实粉丝不断地复购，支撑起泡泡玛特高达 21%的净利润率，这在零售业无疑是一个让人羡慕的数据。

知识卡片

① 用户不但愿意为产品的功能买单，而且愿意为产品的良好体验买单，良好的购物体验体现了产品的情绪价值。

② 情绪价值能直接作用于品牌与用户的关系，让这种关系更长久，从而增强用户黏性。

③ 情绪价值能带来高溢价和差异化的空间。

3. 打造“品牌人设”，创造沉浸式场景体验，提升产品的情绪价值

我们已经知道了用户愿意为产品的情绪价值支付较高的货币价值，那么如何提升产品的情绪价值呢？先来看一看以下两个品牌是如何做的。

2019 年，天猫平台中出现了一个速溶咖啡的精品国货品牌，该品牌在 2019 年的“双十一”期间一跃成为天猫平台中咖啡品类销售额第一名，超过了雀巢。这个品牌叫作“三顿半”，于 2015 年创立，创立当年的销售额达到 500 万元，2019 年全年销售额超过 1.5 亿元，可谓速溶咖啡领域的“黑马”。更重要的是，三顿半的业绩增长不是靠广告“砸”出来的，而主要是由于情绪价值打造得好，用户愿意自发地带图传播。那么，三顿半如何打造速溶咖啡的情绪价值呢？

三顿半的做法是通过“品牌人设”打造情绪价值。品牌人设并不新鲜，钟薛高也曾凭借“好原料，好故事”的品牌人设卖出了一支雪糕 66 元的价格。但三顿半的做法更立体，它通过“新玩法、新包装”为自己打造了“精品速溶”的品牌人设。

① 新玩法：传统的速溶咖啡必须用热水冲泡，但三顿半的速溶咖啡可以用冰水、冰牛奶冲泡，且无须搅拌，三秒溶解。三顿半自创立之初就引导用户发明喝咖啡的新玩法并晒图分享，有意突出“冷泡”这一特点，经常在官网中晒出用户的各种新鲜喝法，这种展示不但有趣，而且可以鼓励更多的用户进行参与和分享。同时，三顿半经常分享爬山、郊游等外出情境下的咖啡新喝法，突出其品牌特质；还推出“返航计划”，回收用户喝过的小咖啡杯，不停地与用户互动，保持用户黏性，制造高频话题。

② 新包装：传统的速溶咖啡多用塑料小袋包装，但三顿半精心设计了如图 2-3 所示的微缩咖啡杯包装。这些小杯子有多可爱呢？电商平台中甚至有店铺专门销售三顿半的小咖啡杯，是不是有一点星巴克“衍生杯子”的感觉呢？虽然是速溶咖啡，但是当用户打开这个精致的小咖啡杯时，“喝咖啡”这一行为也被赋予了满满的仪式感。

图 2-3

三顿半通过“新玩法、新包装”和高品质的咖啡不断强调其“精品速溶”的品牌人设，不但在竞争激烈的咖啡市场中突出了自己的特色，而且给了用户传播分享的理由，所以三顿半的成图率（每 100 个购买产品的用户中会自发进行拍照分享的用户的百分比）非常高。用户对品牌的印象很好，提起该品牌感受到的是愉快的情绪，自然会忠实于品牌。

另一个快速崛起的新消费品牌是“话梅”。一开始，它只是一家普通的国际大牌代购店，直到 2017 年在北京、上海和香港等地开设了线下体验店才突然“火”了起来。化妆品零售行业的竞争一直非常激烈，产品同质化现象比较严重，很难让用户记住并主动传播。话梅的做法是通过创造沉浸式场景体验提升产品的情绪价值，从而让用户主动分享。

话梅的店铺一改以往卓越、莎莎式的小店铺和贴身服务的风格，转而学习山姆会员商店的做法，采用大空间、大货架、少员工的自助购物模式，如图 2-4 所示。店内的每一个场景都是为了“自拍打卡”而创造的，无论是“回转寿司台”的展柜、连接上下楼的螺旋式楼梯，还是“话梅实验室”的主题房间，都很有设计感，非常适合自拍。

图 2-4

在这里，用户既可以什么产品都不买，只是随意地试妆，边走边拍，随时分享，也可以亲身体验产品的分拣和发货，感受一下新零售时代的物流链条。如果真的在这里逛一下午，那么用户完全可以享受一种沉浸式场景体验，获得真实而愉悦的情绪感受。小红书、大众点评等平台中的达人们对话梅的讨论，大多围绕店内的哪个场景适合打卡、哪些产品能搭配出一个美美的妆容、哪个角落可以拍什么样的美照等话题展开。话梅创造的沉浸式场景体验，成功地让用户主动分享、传播。

以上两个新消费品牌的崛起，与它们独特的产品和服务设计密不可分。在面对用户特别是年轻的“00 后”用户时，产品不但要有功能价值，而且要重视情绪价值。人们对于愉悦情绪的追求是不会停止的，所以越来越多的品牌开始借助高情绪价值获取大批忠实用户，如“雪糕中的爱马仕”钟薛高和著名奶茶品牌“喜茶”等。

情绪价值可以通过创造沉浸式场景体验得到提升，那么什么是“场景”呢？“场”指的是“时间和空间”，即用户可以在特定时间和空间内停留和消费；“景”指的是针对用户的情景和互动，这种情景和互动可以触发用户的情绪，从而影响用户的决定。

很多情况下，我们不但在消费产品，而且在消费场景。例如对于“吃早餐”这一场景，我们是工作日在上班路上随便对付一下，还是周末在家认真做一顿漂亮的早餐？我们是与朋友一起喝个早茶，还是自己做一顿减肥早餐并拍张照片发朋友圈？在这些不同的场景中，我们的早餐消费也是不同的。

此外，场景要能够触发情绪。现在很多人喜欢看直播，有时上千件产品在淘宝店中卖不完，但在直播间内往往只用很短的时间就被抢光了。为什么两者会有这么大的差别？因为主播善于搭建“场”和“景”。在直播间内，主播一直在营造一种“产品马上就要被抢光”的氛围，“抢购”的集体意志触发了“盲目、冲动、轻信”的用户情绪；淘宝店则是孤零零地将产品放在页面中，没有任何的情绪触发，所以直播间属于场景，而传统的淘宝店不属于场景。在互联网时代，只有能真正触发用户情绪的场景才能被称为“流量入口”，这是互联网时代商业竞争的关键。

知识卡片

① 打造“品牌人设”，创造沉浸式场景体验，从而引发用户的互动和自发传播，是提升产品情绪价值的两种方式。

② 在互联网时代似乎是“流量为王”，实际上只有能真正触发用户情绪的场景才能被称为“流量入口”，因为场景是在特定的“时间和空间”内触发用户的互动和情绪。

4. 产品的价值由用户判断

家喻户晓的茅台酒（见图 2-5）有一个在民间流传的经典故事。我们知道茅台酒是好酒，价格也不便宜，周恩来总理还曾用它招待来访的美国前总统尼克松。然而，在 1915 年的首届巴拿马太平洋万国博览会上，“国酒”差一点儿连参会的机会都没有。

图 2-5

当时，中国的参会人员把茅台酒摆在展架上，恰好在他们离开以后，外国的工作人员看到茅台酒的包装，认为“这么差的东西居然还来参加博览会”，于是把茅台酒撤下展架，顺手放到角落里。那时酒瓶的包装的确很普通，以至于这样的好酒竟然被误认为是“这么差的东西”，差一点儿连展览的机会都没有。幸运的是，有人不小心弄倒了茅台酒，酒瓶破碎，顿时酒香四溢，很多人闻香而至。最终，茅台酒获得了博览会的金奖，从此名震世界，与英国苏格兰威士忌、法国科涅克白兰地并称为“世界三大蒸馏名酒”。

这个故事虽出自民间，但足以说明一个道理：明白卖什么产品很重要，但更重要的是产品的价值是由用户判断的。“王婆卖瓜，自卖自夸”是不行的，关键不是产品本身有多好，而是用户认为产品有多好，只有用户认为产品好才是真的好。

为什么“今年过节不收礼，收礼只收脑白金”“今年孝敬咱爸妈，送礼还送脑白金”的广告连续多年不获好评，但是健特公司仍然坚持播放？因为健特公司明白价值是由用户判断的，广告评委并不是脑白金的广大用户，健特公司明白自己要卖什么产品，也明白自己的产品要卖给谁。对用户而不是对其他人说话，并且说用户想听的话，这样做才是正确的。不能清晰地定义目标用户及其需求，是创业者的重大营销风险之一。

三、相对于竞品的优势

1. 找出相对于竞品的优势才有胜算的可能

当选定目标用户后，竞争对手就很容易找到了。在互联网时代，创业者很难找到空白市场进行创业，所以在推出产品和服务之前需要找出相对于竞争对手的优势，这样才能被用户选择。下面这则新闻可能有助于大家理解这一点。

2018 年 5 月，英国哈里王子与美国演员梅根·马克尔在温莎城堡举办了盛大的婚礼，全球近 3000 万人通过网络直播或实地观礼。在人们的祝福声中，两位新人笑容灿烂，一脸幸福，梅根也成为第一个拥有“萨塞克斯公爵夫人”称号的女性。

然而，这段恋情曾一度不被人们看好，但一向保守的英国王室却多次为新娘撑腰，最终成就了一段佳话。那么，时年 37 岁且有过一次离异经历的梅根是如何击败众多竞争对手，成为英国王室首位非英籍、非贵族王妃的呢？

2017 年 3 月 16 日，英国女王伊丽莎白二世批准“脱欧”法案。2017 年 3 月 29 日，“脱欧”程序正式启动。自宣布“脱欧”决定以来，英国经济持续低迷，《英国发展报告 2017—2018》显示：2017 年的英国是 G7（七国集团）中表现最弱的经济体，欧盟公民流入英国的净移民数、企业投资、贸易净值、旅游业收入等多个主要经济指标出现了近年来的最低数值，英国急需外部刺激提振经济。在这种背景下，美国演员梅根凭借自身优势成为最好的“话题王妃”。梅根是美国好莱坞演员，作为美国文化输出的“排头兵”，好莱坞演员在世界范围内拥有大量的粉丝，梅根及其所在的演艺圈可以为英国经济带来庞大的粉丝效应。

因此，与哈里的其他女友相比，梅根自带流量和话题。事实也正是如此，两人恋爱的消息一经传出，英国、美国等国家的民众热议不绝，举世瞩目。婚礼前期，飞往伦敦的游客同比增长了 33%，婚礼当周，超过 10 万名来自世界各国的游客涌入温莎城堡。《英国每日邮报》报道，梅根声称这场婚礼为英国经济贡献了超过 10 亿英镑的各种收入，成为英国提振经济的“强心剂”。此外，梅根优雅的穿衣品位也让她成为普通民众的“带货王妃”，仅在婚礼前期，梅根就为英国时装业带来了 1.5 亿英镑的收入。从这些角度来看，我们就不难理解一向保守的英国王室为何会接受梅根这一历史上首位非英籍、非贵族的王妃了。

2. 分析竞争对手，设计产品优势

梅根王妃的自身优势很难模仿，但在商战中，产品的竞争优势是可以通过分析竞争对手而设计出来的。上文提到的新兴咖啡品牌三顿半专注于精品速溶咖啡，利用短短几年时间成为这一领域的佼佼者，其竞争优势就是通过认真分析竞争对手而精心设计出来的。

咖啡市场一直是一个竞争激烈的市场，三顿半一开始主打挂耳咖啡和手冲咖啡壶，但很多卖家在卖相似的产品，因此三顿半的生意很一般。其创始人吴骏是“下厨房”平台的深度用户，在这个分享平台中，吴骏发现现有咖啡产品不能完全满足用户的需求：雀巢这类速溶咖啡添加了过多的奶和糖精，口感不好；手磨咖啡可以达到口感的要求，却没有速溶咖啡那么方便易得。吴骏希望设计一种咖啡，能同时具备速溶咖啡的方便和手磨咖啡的口感，于是三顿半就这样诞生了。

三顿半要求采用低温冷萃的方法保持咖啡的口感，现有的工厂做不到这一点，吴骏就为合作的工厂申请无息贷款，帮助工厂改进萃取流程。生产出来的咖啡先送给“下厨房”平台的咖啡达人品尝，以保证咖啡的口感，只有得到他们的认可才会上市。既然要做精品咖啡，就要给用户一种仪式感，三顿半特别设计了精致的包装，这样精品咖啡的竞争优势就体现出来了。

三顿半将竞争对手定义为两类：第一类是方便且便宜的速溶咖啡，第二类是好喝却不易携带的手磨咖啡。与第一类竞争对手相比，三顿半的竞争优势是口感和包装，通过低温冷萃、不添加除咖啡粉外任何配料的做法，使咖啡保持了手磨咖啡的香浓口感，同时精致的包装让三顿半在速溶咖啡领域脱颖而出；与第二类竞争对手相比，口

感方面的差别不大，亲民的价格便成为三顿半极具竞争力的优势。

与其说三顿半找到了一个用户尚未得到满足的咖啡需求，不如说吴骏对竞争对手有着深入的研究，才能打造这样一款极具竞争优势的产品，从而得到了用户的喜爱。

3. 产品优势只有让用户感知到才有价值

上文提到价值是由用户判断的。很多产品有优势，创业者也清楚，但如果不解释，用户就感知不到。创业者可以把自己的产品与市场上卖得不错的同类产品进行仔细对比，看一看自己的优势在哪里、这些优势是不是用户在意且比较容易就能感知到的。

如图 3-1 所示，有一款产品叫作“阿力魔熊胆克痘露”，在成都卖得很好，在广州却折戟而归。其实与卖得比较好的另一款祛痘产品“泽平粉刺立消净”对比，阿力魔有三个很明显的优势：一是材料成分，阿力魔含有老百姓熟知的名贵中药材熊胆，泽平的材料是普通中药材；二是品牌形象，阿力魔的代言人是当时人气很高的影视明星，泽平是由其创始人冯伊微代言的，老百姓基本不认识，所以在品牌形象方面阿力魔的优势也很明显；三是容量和价格，阿力魔的 25mL 装只比泽平的 15mL 装贵 1 元，产品单价基本相同，但阿力魔的容量更大，可以说有明显的价格优势。

图 3-1

问题在于，阿力魔的这些优势用户感知不到。阿力魔的包装盒上印着大大的“阿力魔”三个字，而“熊胆克痘露”五个字小得可怜，如果不是拿在手中细看，只是在货架前浏览，很少有人能注意到“熊胆克痘露”的字样。如果事先没有大量的广告轰炸，那么人们很难注意到一个不熟悉的新产品“阿力魔”和它的作用。尽管生产商请了明星代言，却没有准备足够的预算支撑大量的广告宣传。当品牌知名度尚未形成时，在终端尤其是在产品包装上应该突出“熊胆克痘露”的字样，因为用户不需要广告就知道熊胆是好东西。可惜，阿力魔在材料成分方面的优势并没有表现出来。

虽然阿力魔在品牌形象方面请了明星拍摄广告片，但由于在电视、报纸等大众媒介中宣传的次数很少，时段也不理想，受众群体很小，因此即使用户在商场的货架上看到阿力魔也不知道是明星代言的产品。而且店面海报比较难维持，一方面经常被其他产品的海报覆盖，另一方面还要收费，更重要的是店家会把有限的空间让给通过广告进行宣传的热销产品。在这种情况下，代言人被“浪费”了。

在容量方面，泽平的瓶壁较厚且瓶身透明，在瓶子与包装盒之间用较大的纸架固定，包装盒上“15mL”的字样也比较小，无论是从包装盒还是从包装盒内的瓶子来看，用户都不会感觉很小。而阿力魔的瓶壁较薄，在瓶子与包装盒之间没有纸架，从包装盒来看与泽平的包装盒大小差不多，所以阿力魔明显的容量和价格优势也没有展现给用户。由于用户在产生购买欲望的时候容易让感性思维占据上风，因此很多品牌会把包装盒做得很大，如脑白金、白兰氏鸡精等。这样做还有另外一个好处，那就是在交给店家的上柜费基本相同的情况下，产品包装盒越大，占用的空间越大，越容易吸引用户的目光。

所以，创业者不但要找出产品优势，而且要清楚地表现出来并让用户感知到。一些创业者在失败以后仍然不清楚为什么自己的产品这么好，用户却选择其他产品。因为产品优势不但要让用户在意，而且要让用户比较容易就能感知到，后者往往更加重要。

知识卡片

① 互联网时代的创业者很难找到空白市场进行创业，所以在推出产品和服务之前要仔细观察竞争对手，否则即使市场很大也会成为竞争对手的市场。创业者可以把自己的产品与市场上卖得不错的同类产品进行仔细对比，看一看自己的优势在哪里。

② 创业者不但要找出产品优势，而且要清楚地表现出来并让用户感知到。一些创业者在失败以后仍然不清楚为什么自己的产品这么好，用户却选择其他产品。因为产品优势不但要让用户在意，而且要让用户比较容易就能感知到，后者往往更加重要。所以创业者在推出创业项目时，只有仔细研究自己的产品相对于竞品的优势并将其表现出来，才有胜算的可能。

四、商业模式和商业计划

1. 为什么需要商业模式及商业模式是什么

上文提到估值超过 10 亿美元的企业被称为“独角兽企业”。“独角兽企业”通常具有三个特征，除了业务处于“风口”、高速发展，以及使用互联网技术这两个特征，还有一个很重要的特征是“商业模式可扩充性强”。有了好的产品和服务，接下来要关注的问题就是商业模式，好的商业模式可以实现盈利，甚至可能成为与竞争对手相比最大的优势。

成功的创业者往往在这个问题上有着相似的观点：创业者只有激情和创意是不够的，创业公司的成功需要优秀的体系、制度、团队和商业模式。一些看似很好的项目之所以最终没有实现盈利，一是商业模式有问题，二是没有好好执行行动计划中的细节。策略管理顾问加里·哈默尔指出：“现今世界的‘竞争’并非不同产品之间的竞争，而是不同商业模式之间的竞争。”恰当的商业模式可以为创业公司的发展带来意想不到的收益。

如今的经营环境要求创业公司创新商业模式和策略以实现快速成长，否则即使找到了准确的市场需求、确定了正确的成长路径，也会因速度太慢而被其他人占据市场，最终失去先机。竞争的技术和市场环境在给创业公司带来压力的同时也带来了机会，只要能创新商业模式，就可能产生突破性的成果。

商业模式很难被准确定义，它有多种描述，没有统一的说法，基本上可以理解为公司运营的逻辑，包括价值如何产生、利润从哪里来等。通俗地说，商业模式是一家公司运营并实现盈利的套路和方法。

在一般情况下，商业模式包含五个基本要素：定位、客户价值主张、盈利方式、成本结构、关键资源和流程。定位指的是公司在市场中选定一个可以据为己有的位置，明确自己的目标用户是谁、业务范围是什么、可以提供什么样的产品和服务等；客户价值主张指的是公司为客户创造价值的方法，以及客户可以通过客户价值主张获得哪些利益；盈利方式比较容易理解，指的是公司既为客户提供价值又为自己创造价值的可行方案；成本结构指的是公司在创造价值的过程中涉及的直接成本、间接成本、规模效益及其相互关系；关键资源和流程指的是公司具有哪些资源、缺乏哪些资源及如何获取所需资源。这五个基本要素共同决定了商业模式的效能，创新商业模式既可以是对其中某一个要素或几个要素进行创新，也可以是整体性创新。

知识卡片

① 好的商业模式可以实现盈利，甚至可能成为与竞争对手相比最大的优势。

② 商业模式很难被准确定义，基本上可以理解为公司运营的逻辑，包括价值如何产生、利润从哪里来等。通俗地说，商业模式是一家公司运营并实现盈利的套路和方法。

③ 商业模式一般包含五个基本要素：定位、客户价值主张、盈利方式、成本结构、关键资源和流程。

2. 几种传统的商业模式

一种非常古老而基本的商业模式是“店铺模式”（Shopkeeper Model），即在具有潜在消费群体的地点开设店铺，展示并销售产品，或者利用场地和工具开设工厂，生产并销售产品。我们经常使用的干洗服务就属于一种地道的传统商业模式，如果是一间按照传统模式经营的干洗店，那么它只能慢慢成长。然而如今的经营环境已不允许这样的做法，没有速度，创业者终将失去占领市场的机会。

恰当的策略可以加快成长速度，如成都的蓝叶洗衣中心采用连锁经营的策略，迅速扩展业务，达到了传统商业模式无法比拟的成长业绩。如今，这样的商业模式并不稀奇，北京的荣昌洗衣公司在连锁经营的同时采用特许经营的商业模式，引入著名的意大利品牌“伊尔萨”，并运用互联网思维，推出了互联网洗衣产品“荣昌 e 袋洗”，不断优化业务流程、管理体系和信息化平台，实现了对传统服务业进行 O2O 模式的再造。荣昌洗衣公司的成长业绩已远远超过蓝叶洗衣中心，成为 2008 年北京奥运会唯一指定的洗衣服务商，获得了奥组委和北京市政府的表彰和嘉奖，形成了强大的品牌影响力，并占据着国内洗染业的“龙头”地位。

在传统的商业模式中，通过“会员制”定位目标用户并与其形成更为紧密的关系是店铺比较普遍的做法之一。近些年，老牌的永辉、家乐福，2019 年入局的 Costco、2020 年推出“X 会员店”的盒马和重拾会员制的麦德龙，让零售业的“会员店大战”如火如荼。

作为首批推行付费会员制的零售商，山姆会员商店（见图 4-1）是一个很特别的存在。

图 4-1

山姆会员商店用了二十多年的时间培养市场，不断向用户解释“付费会员制”是什么、它有什么好处，以及差异化的产品和服务是什么样子的。山姆会员商店只服务付费会员，因此必须围绕客户价值形成更优的成本结构，紧盯关键资源和垂直领域进行深挖。山姆会员商店的目标用户是一二线城市的中产家庭，这些用户追求的是更高的生活品质，所以为其提供差异化且有保障的产品和服务、有竞争力的价格是山姆会员商店的服务目标。在山姆会员商店中，隔一段时间就会出现几种用户重复购买的畅销单品，其他能留在店中的产品也几乎都是经过成百上千轮筛选和市场检验的差异化产品，因为山姆会员商店特别注重选品是否与用户的心理和需要相契合。与传统零售商主要依靠差价的盈利方式不同，会员年费是山姆会员商店的核心收入来源，加之自有品牌建设及减少中间的采买环节形成的巨大成本优势，山姆会员商店在传统的会员店模式中不断探索着创新的发展方向，构筑自身的特色“护城河”。

店铺模式的一种演变形式是“前店后厂模式”，这是一种集设计、生产和销售于一体的实体型经营模式。20 世纪 90 年代，服装行业中的民营或集体小服装厂大多采用这种模式。然而，“不走寻常路”的美特斯·邦威采用了一种独特的商业模式，实现了自身的快速成长，成为国内服装行业的一线品牌。

美特斯·邦威的创始人周成建没有采用传统服装品牌包揽设计、原材料采购、生产、销售等环节的模式，而是把有限的资源用于产品设计和品牌塑造环节，把需要大量资金的生产环节外包给其他服装公司，如今江苏、广州、上海等省市仍有大量服装公司为美特斯•邦威代工生产。另一个需要大量资金的环节是建立专卖店这一销售渠道，周成建采用特许经营的商业模式，利用加盟者的资金迅速开设了1600多家专卖店。周成建的“虚拟经营”商业模式把有限的资源用于产品设计和品牌塑造环节，再用这两项关键环节的资源整合生产环节和销售环节，使美特斯•邦威在2011年突破了99亿元的销售额大关，取得了传统服装品牌无法取得的成绩，把服装行业的“橄榄型”商业模式变为“哑铃型”商业模式。

大部分服装品牌会选择一定比例的外包生产，但对于采用直营模式还是加盟模式有着不同的选择。虽然用户很难区分直营模式和加盟模式，但是这两种商业模式完全不同：直营模式要把产品卖给最终用户；而在加盟模式中，加盟商才是“用户”，品牌把产品卖给加盟商就完成了销售，有些品牌甚至将售后服务也外包给了加盟商。加盟模式可以快速地把产品推向全国市场，最大限度地利用有限的资金实现业务的高速增长。当然加盟模式也存在一些问题，如品牌不直接接触用户因而对用户需求的反应速度较慢，加盟商能力参差不齐容易导致渠道库存积压，频繁打折损害品牌形象导致用户流失等。

为了解决这些问题，服装行业中渐渐形成了以海澜之家为代表的“类直营模式”，在保留直营模式优点的同时解决资产运营负担过重和渠道增长缓慢的问题。海澜之家的类直营模式让加盟商成为“甩手掌柜”，只负责出钱（如店面租金、装修费用等），店铺完全交给海澜之家以直营模式经营。在这种模式中，加盟商不需要具备经验、不承担滞销库存，只是一个“理财渠道”，发展速度自然得到了提升，品牌也能保持对店铺和产品的控制权。类直营模式本质上是加盟模式的变形，事实上，现在已经很少有全国性品牌完全采用直营模式了，它们更多考虑如何通过较“轻”的模式控制各个渠道。这样，整个服装产业链的上游“砍”掉了、下游变“轻”了，“哑铃型”商业模式也愈发流行。

罗西尼是我国著名的钟表品牌，年销售额达到十多亿元。除了传统的专柜销售渠道，罗西尼还在珠海总部的全新钟表产业基地开发了钟表文化工业旅游项目，现已成为国家 4A 级旅游景区，每天有很多旅游团参观罗西尼钟表的生产车间和钟表博物馆。通过参观生产车间内精密的制造过程，游客对罗西尼钟表的品质高度认可；通过参观钟表博物馆的古代计时仪器展览区、近现代钟表展览区、钟表科普展览区、多媒体互动体验区等，游客获得了丰富多彩的钟表文化体验。对品质的认可和对文化的体验会转化为购买欲望，在参观路线结尾处设置的销售区，一些游客转化为消费者，罗西尼每年通过工业旅游项目直接达成的销售额超过几千万元。

工业旅游起源于欧洲，将工厂风貌、生产过程、企业文化转化为旅游资源，通常兼具科普和教育的作用。与罗西尼一样通过这种模式获得成功的品牌还有很多，汤臣倍健的“透明工厂”就是典型代表之一。通过亲身体验的过程，游客可以多次产生“哇，原来如此”的感受，还可以在朋友圈中告诉大家“这罐蛋白粉是我看着生产的！”作为广东省营养教育科普基地、中小学生课外基地、高校实践基地，汤臣倍健的“透明工厂”打造了集吃喝玩乐和研学为一体的丰富体验，大中小学生甚至幼儿园小朋友都能乐在其中。“透明工厂”还配备了 14 个不同规模的会议场所，来访人员可在这些会议场所中举办会务、培训、年会和论坛等活动，如可容纳 800 人的环球厅曾成功举办过 120 多次大型会议。

传统的商业模式还有很多种，在启动创业项目的时候，创业者要对它们进行深入的学习和钻研。还有一点值得关注，那就是互联技术的应用导致了商业模式的巨大变化，它不但改变了产品的交易结构，还在改变着产品的设计环节和生产环节。

知识卡片

① 连锁经营和特许经营都是非常成功的传统商业模式。这两种商业模式的关键在于是否做到了产品标准化、服务标准化、作业流程标准化、形象识别标准化，只有解决了标准化的问题才能不断地复制。

② “哑铃型”商业模式、工业旅游等模式是对传统商业模式的创新，这些创新提高了公司整合资源、营销沟通的能力，体现了跨界、协作、共享的思维。

3. 互联网思维下的商业模式

互联网技术的应用在越来越多的领域改变了原来的交易结构，并逐渐倒逼产品设计环节和生产环节的创新。自第二次工业革命进入“电气时代”以来，人类社会的商业形态从未像现在这样被快速而颠覆性地改变着。这大概是由于互联网技术的应用形成了一种不同于工业社会的商业思维，因此一些缺乏商业经验的年轻创业者也能凭借这种思维不断创造新的商业模式，撼动传统守成者的地位。这种商业思维就是互联网思维，如图 4-2 所示。

图 4-2

百度的创始人李彦宏首次提出了“互联网思维”一词，他认为“企业家今后要有互联网思维，可能实际做的事情不是关于互联网的，但思维方式要逐渐从互联网的角度想问题。”这种思维已经被越来越多的企业家，甚至企业以外的各行各业、各个领域的人认可，“互联网思维”一词也演变出了许多不同的解释。互联网思维是一种商业民主化的、用户至上的思维，《互联网思维独孤九剑》总结了互联网思维在商业实战中的九个具体表现：用户思维、简约思维、极致思维、迭代思维、流量思维、社会化思维、大数据思维、平台思维和跨界思维。

北京理工大学珠海学院的学生创业项目“Smart 宠物之家”在创业大赛中获得了许多奖项。该项目为宠物建造小房子，并配备摄像头、小屏幕和自动添加食物的设备，通过手机和移动互联网，宠物主人不在家时也可以了解宠物的情况，对于养宠物的人来说似乎是一个不错的主意。但是有多少人真的愿意购买这个“Smart 宠物之家”呢？显然，仅靠销售这个小房子很难有多高的销量。但“Smart 宠物之家”的创业团队运用了互联网思维中的跨界思维，他们不销售这个小房子，而是赠送或只收取较低的成本费用，他们只需要宠物主人下载“宠物之家”App。当“宠物之家”App 积累了大量的用户后，创业团队就可以通过宠物用品广告、宠物用品销售、宠物医院广告、宠物销售等业务赚取更大的利润。这是一个典型的互联网思维下的商业模式。

运用互联网思维打造独特商业模式的代表案例还有小米，如图 4-3 所示。

小米采用的是轻资产运营模式，自己负责研发、设计、售后服务等环节，生产、物流配送等环节全部采用外包的形式。外包的形式降低了固定成本投入和摊销费用，甩开了负担最重、最积压资金的环节。在对外发布的商业模式图中，小米将其商业模式简化为“软件+硬件+互联网服务”的“铁人三项”，即从应用软件到系统层面，再到硬件，小米将在宏观的安卓生态系统中构建一个由小米手机、MIUI 系统、小米盒子、小米商城、云服务和开发者组成的生态圈。

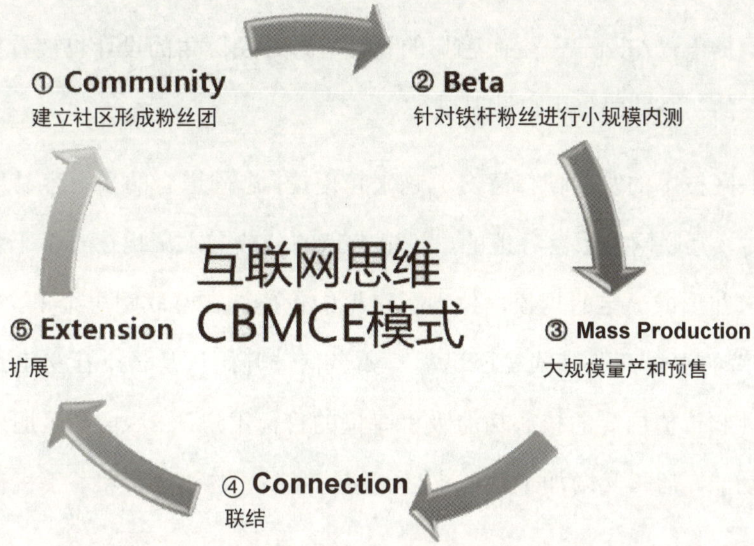

图 4-3

在这个生态圈中，小米首先通过建立社区形成粉丝团，然后针对铁杆粉丝进行小规模内测。MIUI 系统的推广是这一过程的典型代表，在完全由“发烧友”组成的 ROM（Read-only Memory，只读内存）论坛中，小米利用优质的产品（MIUI 系统）和高质量的内容（产品、技术讨论）吸引优质用户（有影响力的关键意见领袖），并逐渐向普通用户扩散。MIUI 系统的推广就是从这些论坛入手的，小米团队通过各种方式联系知名网友，宣传小米新制作的 MIUI 系统，经过一番努力，最终联系了 100 位网友作为 MIUI 系统的首批体验者，也就是小米的“100 个梦想的赞助商”。由于产品体验良好、问题反馈及时、Bug 修复迅速和工程师随时在线答疑解惑，MIUI 系统逐渐在“发烧友”中积累了不错的口碑并不断扩散，用户越来越多，在小米手机发布时 MIUI 系统已经积累了 30 万名用户。目前，MIUI 系统已经拥有了 3.3 亿名全球活跃用户。

在大规模量产和预售过程中，小米通过口碑推动小米手机业务的增长，进而推动小米软件业务的发展，然后扩大自己的服务体系。良好的服务体系反过来又提升了口碑，与用户形成深度联结。小米注重产品差异化、服务差异化和形象差异化的策略，小米手机搭载的深度优化开发的 MIUI 系统有别于用户习以为常的安卓系统，带来不一样的用户体验。2021 年 3 月，小米发布了全新的品牌识别系统和 Logo，融入东方哲学的思考，提出“Alive——生命感”的设计理念，超圆角的设计也被看作小米回归“生态裂变”的初心，即与用户做朋友。

互联网技术的发展使信息交流越来越便捷，志同道合的人更容易聚在一起形成社群。同时，互联网将散落各地的、星星点点的分散需求聚拢在一个平台中，诞生新的共性需求并形成一定的规模，体现了重聚的价值。在互联网思维下，“工具+社群+电商/微商”的混合商业模式发展迅猛，如微信一开始只是一个社交工具，首先通过其社交属性和价值内容的核心功能吸引海量的目标用户，然后增加了朋友圈点赞和评论等社区功能，后来又增加了微信支付、精选商品、购买电影票、手机话费充值等商业功能。

为什么互联网能如此迅速地颠覆传统行业呢？这种颠覆的实质是利用高效率整合低效率，是对传统行业核心要素的再分配，也就是对生产关系的重构，并以此提高整体系统的效率。互联网企业通过减少中间环节降低渠道中不必要的损耗，省去产品从生产到用户使用的过程中需要经历的环节以提高效率、降低成本。因此，对于互联网企业来说，只要抓住传统行业价值链条中的低效环节或高利润环节，利用互联网思维和互联网工具重新构建商业模式，就有机会获得成功。

知识卡片

① 互联网思维改变了原来的交易结构、产品的设计和生产环节，不断创造新的商业模式。互联网思维是一种商业民主化的、用户至上的思维。

② 互联网思维在商业实战中有九个具体表现：用户思维、简约思维、极致思维、迭代思维、流量思维、社会化思维、大数据思维、平台思维和跨界思维。

4. 商业计划中容易被忽略的内容

如果创业者想寻求合作、获得投资，那么投资机构往往会关注商业计划，也就是创业者计划如何创建和经营公司、创业团队是如何组建的、目标用户是谁、打算销售什么产品、准备采用哪种商业模式开展业务、实现收支平衡需要多长的时间，以及创建公司的地点、时间、执照等一些必须要明确的相关事项。这些都需要创业者制订计划，把它们记录在纸上或电脑中，然后一一执行。

需要注意的是，创业者应尽可能地量化商业计划中的每一项任务，低效能公司的一大缺点是不能量化任务。一家茶餐厅的管理者可能只要求员工做好每一件事，如外卖要及时送到、客人来了要及时点餐等，这些要求其实非常空洞，因为没有量化，员工也不知道“及时”具体是指多长的时间。回想一下，当我们打电话让必胜客把比萨送到家的时候，可能会觉得每一次都差不多一样准时，原因就是必胜客对外卖送达时间有着严格的要求，所以才能在30分钟内将外卖送到客人的家里。许多成功的餐饮品牌会不断打磨每一个细节并将其量化。

最近几年，投资机构对新茶饮格外青睐。喜茶品牌的创始人聂云宸是广东科学技术职业学院的一名毕业生，截至2021年7月，喜茶已在全球65个城市拥有超过800家门店，估值超过600亿元。聂云宸对茶底的要求非常高，不惜花费巨资兴建茶园，利用数年时间进行土壤改良，与研究机构合作培育新的茶树品种，每一个新产品的成长和迭代都将标准细化到“严苛”的程度，他说：“我只在意最大的事和最小的事，最大的事就是品牌战略，最小的事就是细节，小到一些横幅、装修和文字细节。”

作为新茶饮品牌，喜茶非常擅于借助数据进行科学管理，提高效率，不断利用大数据升级门店和业务。2021年7月，喜茶建立了业内首个专业级食品营养与科学研究中心。研究中心的感官品评室以科学的手段开展了大量的用户喜好调研和研究，探索将传统的酸、甜、苦、辣、咸、鲜的感官指标细化、数据化，帮助喜茶持续优化产品的研发；研究中心的茶叶研究室、营养成分研究室等通过检测，实现了对茶叶、水果等原材料供应品质的量化定性，为产品研发过程中的营养搭配，以及口感与营养的平衡提供了技术支撑。正是对每一个细节的极致追求和标准量化，让喜茶品牌成为新茶饮领域的佼佼者。

商业计划包括创建、经营公司需要考虑的主要事项和制订商业计划的技术，本部分只是帮助创业者积累有关商业计划的初步认知。需要特别注意的是，创业者在制订商业计划时不能忽略自己的团队。

图 4-4 所示为我们非常熟悉的新东方，其创始人俞敏洪在被问及怎样才能创业成功时认为“好的产品、好的策划（推广产品的方案）加上好的团队，你就成功了”。创业者在为公司制订商业计划时，需要思考以上三个关键因素。

图 4-4

一位被我们采访的创业者（以下使用第一人称“我”），讲述了他在大学毕业之初的一段职场经历：“大学毕业后不久，我在一家公司担任保龄球馆经理。总经理是一个完美主义者，他要求我们提供五星级的服务，同时他也是一个愿意授权给下属的人，‘球馆交给你了，你就是拥有上千万元资产的老板’，总经理的这句话加深了我的使命感和责任感。于是我制订了服务流程和日常工作计划，在很多人的眼中球馆算得上井井有条、整洁有序。直到有一天总经理来打球，临走的时候告诉我要好好打扫卫生，我知道他一定是看到了哪里不够整洁，找了很久终于发现，我们每天只清洗了保龄球的球体，却忽略了保龄球的球孔。他很少直接指出问题出在哪里、如何解决等，我理解总经理这样做的道理，他是在有意培养一个团队。后来我也学习他的做法，发现问题后不直接告诉下属，而是让他们自己去找。”

在 2015 年首届“全国大众创业万众创新活动周”中受到李克强总理接见和“点赞”

的留学回国创业者崔岩，是在一场技术沙龙上与他的合伙人相识的。他们把三维数字化重建和数字化虚拟展示技术应用于数字化博物馆项目，成立了珠海市四维时代网络科技有限公司，获得了政府高达 200 万元的资助。在谈到创业团队时，崔岩认为团队成员之间要有良好的沟通，在确保每个成员拥有话语权的基础上，还要确保负责人的决策权；对责、权、利的界定最好形成书面文件；定位明确、知根知底、状态可控和灵活变化是创业团队成员的相处之道。由于创业团队及核心管理成员的能力出众，2017 年 6 月，在中德两国总理的见证下，四维时代（4DAGE）与德国人工智能研究中心（DFKI）正式签订合作协议，计划共同支持建设中德人工智能研究院。

与群体不同，团队必须具有思考性、习惯自主行动并乐于合作，一些很好的创业项目就是由于合作伙伴的问题而惨遭失败的。因此团队必须成为创业者计划中的重要内容，没有一个良好的团队，意味着良好的计划不能得到良好的执行，也就意味着结果可能出现问题。只有具备了好的项目、好的计划，再由好的团队坚定地执行，创业者才可能成功。

知识卡片

① 如果创业者想寻求合作、获得投资，那么投资机构往往会关注商业计划，也就是创业者计划如何创建和经营公司。这一计划涉及的关键内容包括创业者的目标用户是谁、打算销售什么产品、创业团队是如何组建的、准备采用哪种商业模式开展业务、实现收支平衡需要多长的时间等。

② 创业者应尽可能地量化商业计划中的每一项任务，这样不但目标明确，而且容易衡量结果。低效能公司的一大缺点是不能量化任务。

③ 团队是商业计划中的重要内容，没有一个良好的团队，意味着良好的计划不能得到良好的执行，也就意味着结果可能出现问题。因此，组建和建设团队是一项关键的人力资源计划。

五、汇集创业资源

1. 什么是创业资源

被誉为“创业教育之父”的百森商学院教授杰弗里·蒂蒙斯说：“好的商业机会有四个特征。第一，它能吸引用户，也就是有较大的市场需求；第二，它在创业者的商业环境中行得通；第三，它必须在‘机会之窗’存在的期间付诸实践；第四，创业者必须要有必要的资源和能力把机会变成现实。”第四个特征很重要，很多创业行为就是因为资源枯竭而被迫停止的。

获取外部资源是创业公司生存和成长的基础。创业资源可分为战略性资源和运营性资源两类。知识资源是创业公司非常重要的战略性资源，包括显性知识和隐性知识，显性知识表现在创业公司拥有的行业知识、技术知识、产品知识和相应的管理知识上，隐性知识表现在创业公司拥有的产品研发、生产、营销和相应的管理经验、技能上。运营性资源包括技术资源、资金资源、物质资源、人力资源和市场资源（如订单、渠道）等。

对创业资源的描述有多个版本，总的来看，创业资源是创业项目启动和运营的必需资源，主要表现形式包括人才、资本、技术和管理四个方面，其中人才的价值主要体现在技术和管理上，所以创业者在扩充创业团队时需要将人才细分为懂产品研发的人才、懂品牌运营的人才等。创业项目越大、越复杂，越需要人才细分，这样可以带来不同的知识资源，而知识资源的获取和有效利用会对运营性资源的获取和有效利用起到关键作用。

知识卡片

① 对创业资源的描述有多个版本，总的来看，创业资源是创业项目启动和运营的必需资源，可以分为战略性资源和运营性资源，主要表现形式包括人才、资本、技术和管理四个方面。

② 知识资源的获取和有效利用非常重要，它会对运营性资源的获取和有效利用起到关键作用。

2. 创业资源是否需要汇集

传统的创业者常常把视野局限在自己的周围，习惯于慢慢地积累，这样不但缩小了机会的范围，而且不太容易在快速竞争的环境中扩大商业规模。对创业者而言，资源的所有权不是关键，真正关键的是对他人的资源，包括对金钱和非金钱方面资源的控制和影响。如果能够控制和影响外部资源，商业机会的范围就会扩大，因为调动外部资源可以快速增强自己的实力，创造更大的事业。

汇集创业资源的能力和行动要从创业者的观念出发，更适合当今社会的观念是在注重积累自身资源的同时放眼外部资源，这样可能会看到一片无限的天空。汇集创业资源的能力让创业者有机会把更多的创业梦想变为现实，下一节将探讨如何汇集“不属于自己的资源”。

知识卡片

① 好的商业机会意味着“创业者必须要有必要的资源和能力把机会变成现实”，大多数商机需要汇集外部资源才能快速实现。

② 对创业者而言，资源的所有权不是关键，真正关键的是对他人的资源，包括对金钱和非金钱方面资源的控制和影响。

3. 汇集创业资源的方法

创业者在发现商业机会后要将商业机会变成现实的商业价值，如何汇集所需资源成为一项关键任务。我们先来理解一个看似学术性较强实则非常实用的重要概念——社会资本。近年来，“社会资本”被创业者提及的频率越来越高。它对创业者的作用有多大？如何才能最大限度地积累社会资本呢？

社会资本是合作性的人际关系，很多创业资源就是从合作性的人际关系中获取的。

在我的从业经历中，曾数次作为代表与其他公司商讨合作协议。一开始往往进展得不太顺利，于是我反省自己，发现我和我的同事习惯于站在我们公司的立场上思考，如“通过与对方的合作我们公司能得到什么”“我们公司的预期实现了吗”“我要让这个协议看起来很漂亮，让总经理看到我为公司做了一件漂亮的事”等，在这种思维影响下的谈判结果可想而知。所以我想提醒各位创业者，如果想获取外部资源，从现在起就要进行一些改变和准备。

后来，我在与人合作时思考的第一件事是“在这样的合作条款中对方得到了什么”，如果对方有获利的感觉，就很可能会再次与我合作。在广泛结交朋友的时候充分考虑对方的利益，建立以信任为基础的人际关系，就是积累社会资本的过程。

调查显示，三四十岁的人更容易获得投资。为什么？因为他们有创业历史，可以证明自己做得怎么样，这也是投资人需要考虑的问题，一个关于“信任”的问题。那么，没有太多创业历史的年轻毕业生怎样得到投资人的信任呢？此时，创业者可以先沉淀一些人生积累，包括在哪些公司工作过、曾经运营过哪些创业项目等，这些都是很好的积累。在这个积累的过程中，建立合作性的人际关系非常重要。

从思维模式来看，积累社会资本意味着创业者应树立共赢的价值观，把工作和生活看成是一个合作的舞台。很多创业资源是从合作性的人际关系中获取的，利人利己的思维模式有利于建立合作性的人际关系。

知识卡片

① 社会资本是创业者获取创业资源的有效渠道和来源。很多创业资源是从合作性的人际关系中获取的，这种合作性的人际关系就是社会资本。

② 从思维模式来看，积累社会资本意味着创业者应树立共赢的价值观，利人利己的思维模式可以使双方互相学习、互相影响并共谋其利；从互联网工具来看，创业者可以通过高效利用人和网、微信朋友圈等工具提高积累社会资本的效率。

当前，我国拥有非常开放的创业环境，创业者可以通过展示商业计划和运营能力从资本市场中获得投资。以下是几种常见的投资模式。

天使投资往往偏好两类项目：第一类项目是团队成员在两人以上、产品尚处于想法阶段的项目，这类项目的产品正在研发或刚刚上线运营，缺乏有效数据，一般是学生团队主导的创业项目，投资额介于 20 万～100 万元之间，对这类项目的投资也称为“种子投资”；第二类项目是拥有一定用户、产品价值得到初步验证、由富有经验的创业者创立的项目，这类项目一般拥有开创性的方向、创新技术和优秀的团队，投资额介于 100 万～500 万元之间。著名的天使投资有真格基金、天使湾创投等。

风险投资偏好产品优秀、团队可靠且有良好增长数据或成功经验的连续创业者和名企高管的创业项目，风险投资人一般会对投资项目后续发展阶段的融资需求予以满足。著名的风险投资有今日资本、红杉资本等。当前的创业环境非常开放，从政府到全社会都在鼓励创业、支持创业。如果创业者有好的创业想法、创业项目，通过登录投资平台的网站并上传商业计划书，或者参加各类创业大赛和商业路演活动等，就可能有很多机会与投资人接触。

基本的众筹模式有股权众筹、奖励众筹、捐赠众筹：股权众筹，指投资人对项目或公司进行投资，然后获得一定比例的股权；奖励众筹，指投资人对项目进行投资，然后获得项目发起人提供的商品或相关服务；捐赠众筹，指投资人对项目进行无偿捐赠，多用于公益众筹。

“90后”创业者通过各类众筹平台（如投付宝、众筹网、大家投等）获得投资、建立渠道、销售产品早已是屡见不鲜的事情，在这些互联网众筹平台中，创业者可以获得有关众筹流程、众筹成功案例等方面的丰富资讯。

众包是获得投资的另一种模式，创业者和已经成功创立的项目都可以利用互联网把工作分配出去，以便发现创意或解决技术问题。在创业项目的初期往往需要某种创意、技术或人才，通过众包平台，创业者无须花费固定的人工成本或付出较大的代价就能获取这些资源。例如，猪八戒网是一个小有名气的服务众包平台，其服务交易内容涵盖创意设计、网站建设、网络营销、文案策划、生活服务等多个种类。

知识卡片

① 天使投资往往偏好两类项目：第一类项目是产品尚处于想法阶段、正在研发或刚刚上线运营的项目；第二类项目是拥有一定用户、产品价值得到初步验证、拥有创新技术且创业团队较为优秀的项目。风险投资偏好产品优秀、团队可靠且有良好增长数据或成功经验的连续创业者和名企高管的创业项目。

② 创业者可以通过各类众筹平台获得投资、建立渠道、销售产品；通过众包平台（如猪八戒网、一品威客）把工作分配出去，以便发现创意或解决技术问题。

政府帮扶政策也是创业者获取创业资源的渠道。“大众创业万众创新”被写进政府工作报告，全社会正以前所未有的姿态扶持创业、支持创业，特别是针对大学生创业群体，各地纷纷出台了具体的帮扶政策。帮扶政策的目的可以概括为两个方面。一是提高创业能力，具体包括以下内容：创业培训补贴，即大学生可以免费参加 SYB（Start Your Business，创办你的企业）培训；创业实训补贴，即大学生可以到创业实训基地实践锻炼；创业导师工作补贴，即保障大学生创业者得到系统的辅导。二是提供创业资源，具体包括以下内容：创业资助，一般情况下，创业者取得经营执照满 6 个月即可获得一次性补贴；优秀项目免费入驻大学生创业孵化基地，没有入驻创业孵化基地的创业项目也可以有条件地获得办公场地租金补贴；创业团队的部分成员可以获得社会保险补贴、人才租房补贴、创业带动就业补贴、创业失败社会保险补贴和创业贴息贷款等。其中，入驻创业孵化基地对创业团队的帮助通常是最大的，除了免费的办公场地、办公设施，创业团队还能享受系统的孵化服务。

知识卡片

① 针对大学生创业群体，各地纷纷出台了具体的帮扶政策，包括创业培训补贴、创业实训补贴、创业资助、免费入驻大学生创业孵化基地、办公场地租金补贴、社会保险补贴、创业贴息贷款等。这些帮扶政策基本上是由各地的人力资源和社会保障部门实施的。

② 入驻创业孵化基地对创业团队的帮助通常是最大的，除了免费的办公场地、办公设施，创业团队还能享受系统的孵化服务并实现“抱团取暖”。

六、组建创业团队

1. 如何组建创业团队

有了好的创意、好的策划，还必须有好的执行，所以天使投资人通常很看重创业团队。如果创业团队的学识经验具有很好的互补性，就更有把握把一个项目做出成果。组建团队可以参考 3C 理论，其具体说明如下。

一是相互认同（Chemistry）。这个英文单词的含义是“化学”，也就是团队成员之间要有“化学反应”，有一种默契的感觉，彼此认同、价值观一致、互相理解、互动顺畅，因此同窗好友、密切共事过的同事往往是团队成员的可靠选择。

二是互补（Complementary）。在让好的创意落地并成功地整合资源、将其变成一个产品卖出去的过程中，往往会面临诸多的问题，解决这些问题需要经验和技能的配合。所以创业团队成员尤其是核心成员之间要有经验和技能的互补性。知名的天使投资人徐小平说，他看创业团队主要是看学力、经历、魅力。其中“经历”的含义不是创业团队是否有过类似的经历，而是其是否知道如何面对和解决类似的问题。小米公司有七位创始人，他们具备硬件、软件、设计、搜索、营销和工程等手机公司需要的主要经验和技能，很多创业者在创业初期没有意识到应该像小米公司那样组建完善的核心团队。无论一个创业者的想法有多么伟大，孤身一人都是做不成事情的，至少要找到左膀右臂，也就是核心的合伙人。

三是求同存异（Compromise）。团队冲突往往是创业公司中途折戟的一个重要原因。无论是多么和谐默契的团队，都会有很多不同的认识。创业团队经常在一起讨论如何解决正在面临的问题，争论不休是常有的事，但最后必须形成一致的决定，在这个时候，所有成员必须放弃自己原来的想法并全力执行最后的决定，这是一种必要的、积极的妥协。固执己见、没有弹性的坚持会让团队冲突无法控制，所以团队成员之间既要充分地争论，又要适当地妥协。在很多情况下，求同存异非常困难，但它确实是组建优秀团队的必备技能，它适用于团队中的所有成员，包括团队的带头人。

知识卡片

① 组建团队的 3C 理论：一是相互认同（Chemistry），创业团队的成员之间要有一种默契的感觉，彼此认同、价值观一致、互相理解、互动顺畅；二是互补（Complementary），创业团队的核心成员之间要有经验和技能的互补性；三是求同存异（Compromise），求同存异非常困难，但它确实是组建优秀团队的必备技能。

② 创业团队成员的关系往往从朋友开始，但不能满足于朋友关系，还要用规则、互补、认同和价值感将彼此联系起来。

2. 创业团队的组织结构

在校参加创业大赛的学生创业团队需要制订一个商业计划呈现其创业项目，其中包括创业团队的介绍。他们往往会运用有关组织结构方面的知识设计出一个“庞大”的组织，CEO、CFO（Chief Financial Officer，财务总监）、CMO（Chief Marketing Officer，市场总监）、CTO（Chief Technology Officer，技术总监）和 CPO（Chief Procurement Officer，采购总监）等各种职位应有尽有。很多学生创业团队在设计组织结构的时候会“由上至下”进行设计，这其实是对“组织结构”的错误理解，好像一家公司一定要有总经理、财务总监和市场总监等各种领导一样。

其实，组织结构的设计应该是“由下至上”的。现实生活中，有多少工作需要，会产生多少相应的工作岗位。但当某一种性质的工作（如行政、人力资源等）还没有形成一定的工作量时，就不适合设计一个独立的工作岗位，可能创业团队中只要有一个办公室人员就能把行政、人力资源、财务会计等工作完成了。

一般情况下，创业团队或创业公司需要三个核心岗位：一是团队的 CEO，负责整合创业资源，凝聚团队成员朝着设定的目标奋斗；二是主管产品研发的 CTO，负责开发、完善产品，将技术团队整合在一起，持续迭代，向用户提供有价值的产品；三是主管市场推广的 CMO，负责营销产品、沟通用户，其核心工作是市场的推广。随着公司业务的后续发展，各部分职能逐渐细化，新的岗位才有必要产生。

知识卡片

一般情况下，创业团队或创业公司需要三个核心岗位：一是团队的 CEO，负责整合创业资源；二是主管产品研发的 CTO，负责开发、完善产品；三是主管市场推广的 CMO，负责营销产品、沟通用户。

3. 创业团队如何进行创业学习

现实生活中，一些创业公司难以生存，另一些创业公司却可以在短期内快速成长并在市场中立足。之所以形成如此大的差异，往往是因为创业团队过往知识经验这一初始条件的不同，它会对创业公司后续的绩效产生持续性影响。具有多种类型过往知识经验的创业团队看问题的角度会更全面，也更容易产生创造性的想法。创业团队成员在与新业务相关的行业内积累的产品技术、用户需求等实践经验，以及曾经担任管理岗位的管理经验（如团队管理、市场管理、财务管理、生产管理和技术管理等），对产品创新和商业模式创新会很有帮助。

还有一种情况值得注意，那就是拥有类似过往知识经验的创业团队，创业的结果常常不同。就像大学同学一样，毕业时大家的知识水平差距不大，但经过三年五载，可能大家的发展状况就非常不同了。要想把过往知识经验转化为实际的创业成果并非易事，关键在于创业团队需要通过有效的创业学习，掌握与情景匹配的知识并加以应用。

随着创业活动的完成越来越依赖于团队而非个体创业者，如何整合、利用创业团队的过往知识经验变得更为重要，而创业学习恰好可以在将过往知识经验优势转化为产品或商业模式创新的过程中发挥关键作用，如图 6-1 所示。

图 6-1

然而，由于思维惯性，很多创业者习惯于通过经验学习的方式寻找问题的解决办法，这样容易使经验学习成为创业团队的主要学习方式。在缺乏整合能力的团队组建初期，这对团队是非常不利的，因为这会使创业团队成员基于自身经验提出的不同创新观点发生冲突且无法有效整合。也许只有等到创业团队成员共同经历了创业活动后，对于团队共同经验的学习才会有助于后续的创业活动。

因此，创业团队在组建初期应把认识学习作为首要的创业学习方式，这样做的目的是让创业团队成员在基于自身经验提出观点的时候，更容易理解和理性分析其他成员的不同观点和行为，从而有利于不同知识经验的分享和整合，避免经验学习方式容易造成的固执己见而非着眼于解决问题的困境。

知识卡片

① 把过往知识经验转化为实际创业成果的关键，在于创业团队需要通过有效的创业学习，掌握与情景匹配的知识并加以应用。

② 创业团队在组建初期应把认识学习而非经验学习作为首要的创业学习方式，这样有利于不同知识经验的分享和整合。

4. 创业团队的股权分配

与组建创业团队同时发生的是分配股权。股权是凝聚团队的核心要素之一，如果股权分配得不合理、不恰当，就会埋下问题的种子。以往的许多实践证明，创业公司在分配股权时，CEO 要有绝对控股权，其股份至少应达到 51%，这样在团队成员发生战略性冲突且无法达成一致的时候，绝对控股权可以发挥关键作用，重新让所有团队成员的行动服从 CEO 的决策。

巨人集团创始人史玉柱和知名的天使投资人徐小平有一条老道的经验：CEO 的股份应在 70%左右。我曾接触过一个创业团队，他们成立了一家提供线上招聘等人力资源服务的公司，CEO 的股份高达 90%，另外的几个合伙人只有不超过 10%的股份。这种股权分配在一开始就没有考虑到团队的价值和力量，10%以下的股份对另外的几个合伙人来说可能有激励的作用，但很难有主人翁的感觉。在其他合伙人的意识中，当打工者的心态占主导地位的时候，如果公司遇到困难，那么他们首先会考虑如何找下家。创业公司最好有三个合伙人，其中 CEO 拥有 70%左右的股份，二号人物拥有 20%左右的股份，三号人物拥有 10%左右的股份。这个原则的重要意义是让两三个核心合伙人有一种共同奋斗、“天塌下来一起顶着”的主人翁思想，有拥有者的心态而不是打工者的心态。

刚刚组建的创业团队应该如何设计公司的股权结构，尤其是创业合伙人的股权结构，一直是一个非常困扰创业者的问题。在创业初期，创业资源通常比较短缺，创始人常常拿着商业计划书奔波在不同的投资人之间。由于创业初期对资源的依赖性较强，创始人很容易对早期的资源提供者许诺过多股权，让资源提供者成为创业合伙人。

事实上，创业公司的价值需要整个创业团队长期投入时间和精力才能实现，因此对于只承诺提供资源但不全职参与创业的人，创始人应该优先考虑项目提成、利益合作，而不是股权绑定。如果无法与资源提供者达成协议，那么创始人应该尽量延迟获取相关资源的时间，以免股权过早稀释。对于有技术和经验的兼职人员（如技术高手），创始人可以按照公司外部顾问的标准给予少量分红权。如果一个人不能全职投入公司的工作，就不能算作合伙人，一边从事其他全职工作一边帮公司的人只能得到工资或分红，而不应得到股权。

创业公司在发展过程中可能会遇到核心成员的波动问题，特别是已经持有公司股权的合伙人退出团队，如何处理他们的股权才能避免因合伙人股权的问题影响公司的正常经营呢？正确做法是提前约定股权退出机制，管理合伙人的预期。提前约定股权退出机制，即提前约定合伙人在不同阶段退出公司后要退回的股权和退回形式。创业公司的股权价值是所有合伙人通过持续、长期的劳动赚取的，因此当合伙人退出公司时，其持有的股权应该按照一定的形式退回。这样做，一方面对继续在公司中工作的其他合伙人更公平，另一方面也有利于公司的持续稳定发展。合伙人中途退出，股权溢价回购，合伙人的股权只能通过提前约定的形式退回，公司按照当时的估值对合伙人的股权进行回购，回购的价格可以按照当时的估值适当溢价。

知识卡片

① 创业公司在分配股权时，CEO 要有绝对控股权，在团员成员发生战略性冲突且无法达成一致的时候，绝对控股权可以重新统一团队成员的行动。

② 创业公司最好有三个合伙人，其中 CEO 拥有 70%左右的股份，二号人物拥有 20%左右的股份，三号人物拥有 10%左右的股份。

③ 创业公司的价值需要整个创业团队长期投入时间和精力才能实现，因此创始人应避免在创业早期对不全职参与创业的资源提供者许诺过多股权，可以优先考虑项目提成、利益合作。

④ 为避免因合伙人退出时的股权问题影响公司的正常经营，创始人应提前约定股权退出机制，如果合伙人中途退出，那么公司可以按照当时的估值对合伙人的股权适当溢价回购。

附录A 凯尔西个性类型调查表

（请选择最符合自己真实情况的选项，并在空白框内打钩，如果认为两个选项都符合，就选择让你更舒服的选项。本调查表中的所有选项没有对错之分）

题目	A 选项	B 选项	A	B
1. 电话铃响的时候，你会	第一个去接	希望别人去接		
2. 你更倾向于	迅速做出反应	时常自我反省		
3. 对你来说哪种情况更糟糕	想入非非	循规蹈矩		
4. 与别人在一起，你通常	自我而不随和	随和而不自我		
5. 哪种事使你感到更惬意	做出权威判断	做出有价值的判断		
6. 面对工作环境中的噪音，你会	抽出时间整顿	最大限度地忍耐		
7. 你的做事方式倾向于	果断	某种程度的斟酌		
8. 排队时，你常常	与他人聊天	仍考虑工作		
9. 你更倾向于	感知多于设想	设想多于感知		
10. 你对什么更感兴趣	真实存在的东西	潜在的东西		
11. 你更有可能依据什么做出判断	事实	愿望		
12. 评价他人时，你易于	客观、不讲人情	友好、有人情味		
13. 你希望通过什么方式制订合同	签字、盖章、发送	握手搞定		
14. 你更愿意拥有	工作成果	不断取得进展的工作		
15. 在一个聚会上，你倾向于	与许多人甚至陌生人交流	只与几个朋友交流		
16. 你更倾向于	务实而不空谈	空谈而不务实		
17. 你喜欢什么样的作者	直述主题	运用隐喻和象征手法		
18. 什么更吸引你	思想和谐	关系和睦		
19. 如果一定要使某人失望，你通常	坦言、直言不讳	温和、体谅他人		
20. 在工作中，你希望你的行动进度	确定	不确定		
21. 你更经常提出	最后、确定的建议	暂时、初步的建议		
22. 与陌生人交流	使你更加自信	使你伤脑筋		
23. 你认为事实	只能说明事实	是理论的例证		
24. 你觉得幻想家和理论家	有些讨厌	非常有魅力		
25. 在一场激烈的辩论中，你会	坚持你的观点	寻找共同之处		
26. 你认为哪一个更好	公正	宽容		

续表

题目	A 选项	B 选项	A	B
27. 你觉得工作中什么更自然	指出错误	设法取悦他人		
28. 什么时候的你感觉更惬意	做出决定之后	做出决定之前		
29. 你倾向于	直接说出你的想法	听别人发言		
30. 你认为常识	通常是可靠的	经常值得怀疑		
31. 你认为儿童往往不会	做十分有用的事	充分利用想象力		
32. 在管理他人时，你更倾向于	坚定而严格	宽厚而仁慈		
33. 你更倾向于做一个	头脑冷静的人	热心肠的人		
34. 你倾向于	把事情完成	探究事物的各种潜质		
35. 在多数情况下，你会	做作而不自然	自然而不做作		
36. 你认为自己是一个	外向活泼的人	内向缄默的人		
37. 你更倾向于做一个	讲求实际的人	耽于幻想的人		
38. 你说话时	详细而不泛泛	泛泛而不详细		
39. 你认为哪句话更像赞美	这是一个逻辑性强的人	这是一个情感丰富的人		
40. 你更易受什么支配	你的思想	你的体验		
41. 当完成一件工作时，你喜欢	把所有未了结的零星事务安排妥当	继续干别的事		
42. 你喜欢什么样的工作	有最后期限	随时进行		
43. 你是一个	很健谈的人	认真聆听的人		
44. 你更容易接受	较直白的语言	较有寓意的语言		
45. 你经常注意	恰好在眼前的事物	想象中的事物		
46. 你认为成为哪一种人更糟糕	过分心软	顽固		
47. 在难堪的情况下，你有时表现得	过于无动于衷	过于同情怜悯		
48. 你在做出选择时，倾向于	小心翼翼	有些冲动		
49. 你更喜欢	紧张而不悠闲	悠闲而不紧张		
50. 工作中的你倾向于	热情地与同事交往	保留更多私人空间		
51. 你更容易相信	你的经验	你的观念		
52. 你更愿意接受	脚踏实地	有些动荡		
53. 你认为自己是一个	意志坚强的人	性格温和的人		
54. 你对自己的哪一种品格评价较高	通情达理	埋头苦干		
55. 你通常希望事情	已经被安排、确定	只是暂时确定		

续表

题目	A 选项	B 选项	A	B
56．你认为自己比较	严肃、坚定	随和		
57．你觉得自己是一个	优秀的演说家	优秀的聆听者		
58．你很满意自己能够	有力地把握现实	具有丰富的想象力		
59．你更注重	基本原理	深层寓意		
60．你认为什么错误看起来比较严重	同情心过于泛滥	过于冷漠		
61．你更容易受什么影响	有说服力的证据	令人感动的陈述		
62．在哪一种情况下你的感觉更好	结束一件事情	保留各种选择		
63．你认为较令人满意的是	确定事情已经做好	顺其自然		
64．你是一个	容易接近的人	有些矜持的人		
65．你喜欢什么样的故事	刺激的冒险故事	充满幻想的英雄故事		
66．什么事对你来说更容易	使他人各尽其职	认同他人		
67．你更希望自己具备	意志的力量	情感的力量		
68．你认为自己基本上	禁得住批评	禁不住批评		
69．你常常注意到	混乱	变革的机会		
70．你比较倾向于	按程序办事而非反复无常	反复无常而非按程序办事		

附录 B　凯尔西个性类型调查表统计卡

（请将你的选项按照序号抄在统计卡中，如你的第 5 题选项是 A，就在统计卡第一行数字“5”后空白框的 A 选项处填“1”。全部填完后，计算 A、B 选项下分别有多少个“1”，将总数填写在统计卡下方第一行深色框内。

根据连线关系，将第一行深色框内的数字抄写在第二行深色框内并进行比较，如第二行“E/I”深色框内的数字分别是“3”和“7”，说明在该个性类型中你更倾向于“I”类型，应将该字母作为你的个性代码。

将 4 个个性代码填写在最下方的横线处，即可得出你的个性类型）

	A	B		A	B		A	B		A	B		A	B		A	B		A	B
1			2			3			4			5			6			7		
8			9			10			11			12			13			14		
15			16			17			18			19			20			21		
22			23			24			25			26			27			28		
29			30			31			32			33			34			35		
36			37			38			39			40			41			42		
43			44			45			46			47			48			49		
50			51			52			53			54			55			56		
57			58			59			60			61			62			63		
64			65			66			67			68			69			70		

E	I	S	N	T	F	J	P

根据调查分析，你的个性类型为：____________________

附录 C　结果解析

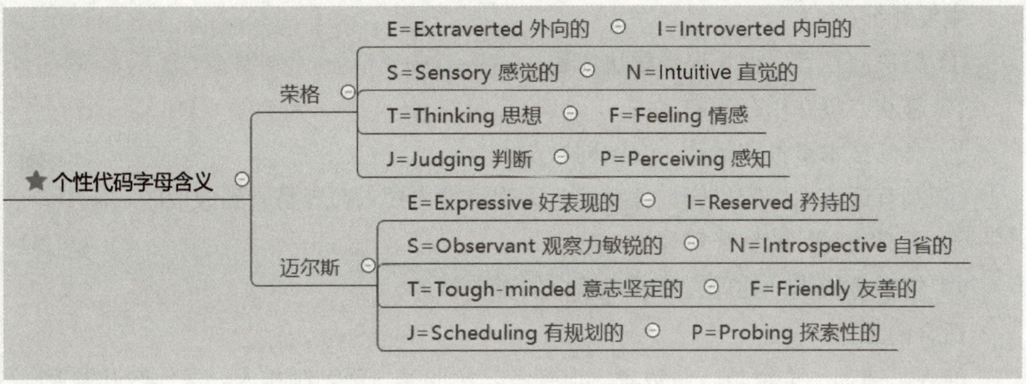

检索					
艺术创造者 SP 型	创业者	ESTP	理想主义者 NF 型	教导者	ENFJ
	手艺者	ISTP		劝告者	INFJ
	表演者	ESFP		奋斗者	ENFP
	创作者	ISFP		化解者	INFP
护卫者 SJ 型	监督者	ESTJ	理性者 NT 型	陆军元帅	ENTJ
	检查者	ISTJ		策划者	INTJ
	供应者	ESFJ		发明家	ENTP
	保护者	ISFJ		建筑师	INTP

SP 解析

ESTP 创业者

主要特征：

① 解决问题者，擅长现场解决问题。

② 喜欢办事并乐在其中。

③ 喜好技术事务和运动，交结同好友人。

④ 具有适应性、容忍度、务实性，喜欢将精力投入在容易看到成效的工作中。

⑤ 不喜欢冗长的解释和理论。

⑥ 精于可操作、处理、分解或组合的真实事务。

适合的工作：

商人、律师、推销员、仲裁者、谈判者、实业家、演艺制作人、房地产开发商。

适合的伴侣：保护者。

征服内向、保守和友善的保护者并劝说他们暂时放弃谨慎和多虑的心情，多从事一些冒险活动，对于外向、坚忍不拔的创业者来说是一件有趣的事，创业者是天生的冒险家和为所欲为的人。

ISTP 手艺者

主要特征：

① 冷静旁观者，安静、有弹性、预留余地，不预先假设，会以无偏见的好奇心进行观察和分析。

② 对探索原因和效果感兴趣，喜欢探究技术事件为何及如何运作，喜欢运用逻辑原理构建事实真相，重视效能。

③ 擅于掌握问题核心并找出解决方式。

④ 擅于分析事情的缘由且能在大量资料中及时找出实际问题的核心。

适合的工作：

商人、工匠、织工、机械师、宝石匠、美术家、音乐家、运动员、驾驶员、外科医生、家具手艺者。

适合的伴侣：供应者。

两者可以被看作非常幸福的一对伴侣。沉默、坚毅的手艺者安静、熟练地运用工具，渴望着冒险的自由，在家庭和社会中似乎需要得到他人的照顾和温柔的安抚，而这正是善于表现、有同情心的供应者能够提供的，他们习惯于抚慰、关爱、招待别人。手艺者虽然擅长使用工具，却是艺术创造者中最不习惯于雕琢配偶形象的人。

ESFP 表演者

主要特征：

① 外向、和善、接受性强、乐于向他人分享喜乐。

② 喜欢与他人一起行动并促成事件发生，在学习时亦然。

③ 知晓事件未来的发展且会热烈地参与。

④ 擅长人际相处，具有完备的常识，很有弹性，能立即适应他人和环境。

⑤ 人、生命、物质享受的热爱者。

适合的工作：

售楼人员、小学教师。

适合的伴侣：检查者。

两者可能配合得特别好。表演者有趣、精力充沛、富于表现力，渴望社交聚会，而检查者沉默、坚毅、值得信赖，重视保障、预备，通常也欢迎生活中多一些活跃的气氛。

ISFP 创作者

主要特征：

① 羞怯、安静、和善、敏感、亲切且行事谦虚。

② 习惯于避开争论，不对他人强加己见或价值观。

③ 无意于领导，常常是忠诚的追随者。

④ 办事不急躁，安于现状，无意于以过度的急切或努力破坏现状，且不以成果为导向。

⑤ 喜欢有自己的空间，并按照自定的程序办事。

适合的工作：

厨师、护士、兽医、画家、诗人、小说家、园艺师、雕刻师、编舞者、电影导演、歌曲作家、时尚设计师、艺术类教师。

适合的伴侣：监督者。

两者理应是一对佳偶。内向而友善的创作者喜欢接近大自然并陶醉于艺术创作中，是非常温柔、世俗的一类人，而坚毅、善于表达的监督者适合主管机构，与创作者在一起，正如有人把许多田园美景带入监督者讲求实际且公务繁忙的生活中。

SJ 解析

ESTJ 监督者

主要特征：

① 倾向于务实、真实、事实，具有企业管理或技术天分。

② 不喜欢抽象的理论，喜欢学习可立即运用的理论。

③ 喜好组织和管理活动，专注于以最有效率的方式行事并看到成效。

④ 优秀行政者，关注细节、具有决断力且能很快做出决策。

⑤ 会忽略他人的感受。

⑥ 喜欢成为领导者或企业主管。

⑦ 做事风格倾向于权威指挥性。

适合的工作：

社团、法律、政治、商业。

适合的伴侣：创作者。

两者是较好的伴侣。管理权力机构，使之保持稳定的、符合规范的、按部就班的发展是让监督者感到快乐和满足的事情，虽然监督者或许希望向冲动、放荡不羁的创作者灌输一些对传统的尊重态度，但是也会在内向的创作者中发现能够帮助自己忘记所背负职责的伴侣。

ISTJ 检查者

主要特征：

① 严肃、安静，通过可信赖、集中心志和全力投入获得成功。

② 行事务实、有序、实际、真实、可信赖且有逻辑。

③ 十分注重秩序，喜欢工作、生活等有良好的组织和秩序。

④ 负责任。

⑤ 按照设定成效做出决策，且不畏阻挠和闲言地坚定为之。

⑥ 重视传统和忠诚。

⑦ 传统的经理或思考者。

适合的工作：

牙医、验光师、会计师、经纪人、财务代表、保险统计员、金融工作者、法院书记官、法律研究员、中学教师（体育、历史类）。

适合的伴侣：表演者。

两者是最默契的伴侣。喜好隐居且个性坚毅的检查者值得信赖地维护着正统的典范，并希望通过自己的努力让表演者增加一些责任感，同时欣赏外向、友善、活泼、光彩的表演者。

ESFJ 供应者

主要特征：

① 诚挚、爱说话、受欢迎、合作性强，是天生的、光明正大的合作者和活跃的组织成员。

② 重视和谐且长于创造和谐。

③ 常做对他人有益的事务。

④ 如果得到鼓励和称许会有更佳的工作成效。

⑤ 最有兴趣做会直接、有形地影响人们生活的事务。

⑥ 喜欢通过与他人共事精确且准时地完成工作。

适合的工作：

教练、教师、推销员、私人秘书、办公室接待人员。

适合的伴侣：手艺者。

两者可能是最幸福的一对伴侣。供应者本性善良、善于表达，倾向于照顾和慰藉他人，喜欢安排他人的作息和生活，而手艺者保守、坚毅，是天生的冒险者，当他们结束激烈的冒险之后需要有人等候自己。

ISFJ 保护者

主要特征：

① 安静、和善、负责任、有良心。

② 行事尽责、投入。

③ 安定性强，常是项目工作或团体中的安定力量。

④ 愿意投入、吃苦，并力求精确。

⑤ 兴趣通常不在科技方面，对细节事务有耐心。

⑥ 忠诚、知性、考虑周到且会关切他人的感受。

⑦ 致力于创造有序、和谐的工作和家庭环境。

适合的工作：

护士、监护人、私人秘书、私人医生、中层管理者、保险代理人、图书馆管理员。

适合的伴侣：创业者。

两者易于感到彼此很合适。创业者外向、坚强，往往得意于事业的高峰，而友善、喜好隐居的保护者可以为创业者提供一个安静的庇护所。

NF 解析

ENFJ 教导者

主要特征：

① 具备热忱、易感应、负责任和能鼓励他人的领导风格。

② 对他人所想或希求的事物会表达真正的关切并切实用心地处理。

③ 能怡然且有技巧性地带领团体讨论或演示文稿提案。

④ 爱交际、受欢迎、富有同情心。

⑤ 对称许和批评很在意。

⑥ 喜欢带领他人且能使他人或团体发挥潜能。

适合的工作：

教育家、临床医学工作者。

适合的伴侣：建筑师。

两者从各个角度来看都很般配。教导者善于表达和安排，是天生的教育者和成长促进者，希望开发爱人身上所有的潜在天赋，而在建筑师冷静、镇定和超然的外表下蕴藏着很大的潜能，如果能受到教导者的启发，那么璞玉般的建筑师将极有可能被激发出蕴藏的潜能。

INFJ 劝告者

主要特征：

① 因坚忍、有创意和必须达成的意图而获得成功。

② 会在工作中投入最大的努力。

③ 会强力、诚挚、用心地默默关切他人。

④ 因坚守原则而受敬重。

⑤ 因提出造福大众利益的明确愿景而被人尊敬和追随。

⑥ 追求创见、关系和物质财物的意义和关联。

⑦ 想了解什么事物能激励他人，对他人具有洞察力。

⑧ 光明正大并坚信其价值观。

⑨ 果断且有组织地实现其愿景。

适合的工作：

临床医学家、医疗咨询服务人员。

适合的伴侣：发明家。

两者是一对完美的伴侣。劝告者矜持、复杂、神秘、运筹帷幄，常常被内省和伦理问题困扰，而发明家外向、善于探索。劝告者能从发明家那里获得很大的解脱，发明家会从帮助这些墨守成规之人的过程中获得很大的满足，有时也会在对事物的规划中发现劝告者的价值和存在意义。

ENFP 奋斗者

主要特征：

① 聪明、富有想象力，充满热忱、活力充沛，视生命充满机会，期望得到他人的肯定和支持。

② 几乎能做到所有感兴趣的事。

③ 对于难题能很快想出对策并能对有困难的人伸出援手。

④ 依赖自身能力，不太看重事前的规划准备。

⑤ 为达目的常能找出强制自己为之的理由。

⑥ 即兴行动者。

适合的工作：

教导者、演说家、小说家、剧作家、电影编剧、新闻记者。

适合的伴侣：策划者。

两者理应十分般配。奋斗者热情、坦率、兴致勃勃、富有洞察力，策划者井井有条、意志坚强，常常狭隘地专注于规划和指导，却能在奋斗者身上发现自己与外部世界的重要联系。

INFP 化解者

主要特征：

① 安静观察者，具有理想性，对其价值观和重要之人具有很高的忠诚度。

② 希望外在生活形态与内在价值观能够吻合。

③ 具有好奇心且能快速看出机会所在，常担任开发创意的触媒者。

④ 行事的弹性、适应性、承受性强，除非价值观受到侵犯。

⑤ 具有想了解并发展他人潜能的意愿，想做的事情很多且做事全神贯注。

⑥ 对所处境遇和拥有的事物不太在意。

适合的工作：

宣传工作、社会工作、图书馆研究、幼儿咨询服务、人文学科方面的大学教育。

适合的伴侣：陆军元帅。

两者很可能从婚姻中得到很大的满足感。化解者矜持、喜欢探索，在择偶问题上比其他类型的人更困难，容易摇摆不定，化解者的配偶常常需要忍受因应对这种紧张而形成的压力，而陆军元帅外向、善于安排、忙于未来，对多重状态的生活方式训练有素，能为化解者指出明确的方向。

NJ 解析

ENTJ 陆军元帅

主要特征：

① 坦诚、具有决策力的活动领导者。

② 擅长通过制订并实施系统性计划解决组织的问题。

③ 精于具有内涵和智慧的谈话，如对公众演讲。

④ 乐于吸收新知并能广开信息渠道。

⑤ 容易过度自信，有时会太想表达自己的创见。

⑥ 乐于长期策划和目标设定。

适合的工作：

管理者。

适合的伴侣：化解者。

两者在一起的生活非常美满。陆军元帅无论在哪个方面都是天生的调动者，而化解者喜欢隐居和探索，他们在追求理想的时候也会变成队伍的领导者并热诚地发起运动。圣洁或遁世的化解者能够为他们骄傲的陆军元帅型伴侣提供“战争”过后颇受欢迎的休息场所，或许还能让伴侣分享自己平静的心情、对内心平和的渴望和对人性的敏感。

INTJ 策划者

主要特征：

① 具有强大的动力和决心来达成目的，固执而坚持。

② 具有宏大的愿景且能在众多外界事件中快速找出有意义的模范。

③ 对承担的职责具有较强的能力，可以策划并完成工作。

④ 果决且具有怀疑心、挑剔性、独立性，对专业水准和绩效的要求较高。

适合的工作：

商务经理、主管。

适合的伴侣：奋斗者。

两者在理论上是最般配的一对伴侣。策划者内向、善于谋划，在择偶的时候比其他人更具有计划性，而奋斗者善于表达和探索，在共事时很少出现失误。他们有共同语言，奋斗者对策划者起着重要的弥补作用，给策划者带来热情和新奇的感受，与策划者的精细形成鲜明对比。

ENTP 发明家

主要特征：

① 聪明、反应快、长于多种事务。

② 具有敏捷、直言不讳和擅长激励伙伴等优点。

③ 会为了有趣而对问题的两面进行争辩。

④ 对解决新的、有挑战性的问题富有策略，但会轻忽或厌烦经常性的任务和细节。

⑤ 兴趣多元，容易转移到新的兴趣上。

⑥ 对想要的事物会巧妙地找出有逻辑的理由。

⑦ 擅长审视他人，有能力解决新的或有挑战性的问题。

适合的工作：

任何工作。

适合的伴侣：劝告者。

两者在一起很容易感到巨大的满足。发明家喜欢改进已经存在的工具和工作，很可能会打破权威，引起管理者的不满，管理者关心的是已经被证实有效的事物，会把新事物丢在一旁，而劝告者会不断地改善事物状况，善于安排，是和谐生活的向导。发明家很钦佩劝告者帮助他人实现理想的能力。

INTP 建筑师

主要特征：

① 安静、自持，具有弹性和适应力。

② 特别喜爱追求理论和科学事理。

③ 解决问题者，习惯于以逻辑和分析解决问题。

④ 对创意性事务和特别的工作最有兴趣，对聚会和闲聊没有太大兴趣。

⑤ 追求可激发个人强烈兴趣的生活。

⑥ 对感兴趣的事物追求逻辑解释。

适合的工作：

教师、科学家、数学家、逻辑学家、技术专家。

适合的伴侣：教导者。

建筑师内向、喜欢探索，极易沉浸在自己的抽象世界中，可能会因为找不到能够聆听、欣赏他们的伴侣而感到失望，幸运的是，教导者外向、成竹在胸，拥有丰富的想象力，是他人成长的促进者，并能激励他人展示自己最美好的人生。建筑师认为这种活力和个人风采的结合极具诱惑力。